广东省女大学生素质教育项目

广东省教育科学"十三五"规划2017年度区域（德育）品牌特色研究项目

河源职业技术学院"创新强校工程"（2016－2020年）建设项目

2018年河源职业技术学院教育教学成果奖培育项目

女大学生 素质教育教程

主　编 ◎ 温文妮　陈慧枫

西南财经大学出版社
Southwestern University of Finance & Economics Press

中国·成都

图书在版编目(CIP)数据

女大学生素质教育教程/温文妮,陈慧枫主编.—成都:西南财经大学出版社,
2021.12
ISBN 978-7-5504-4486-7

Ⅰ.①女…　Ⅱ.①温…②陈…　Ⅲ.①女性—大学生—素质教育—高等学
校—教材　Ⅳ.①G640

中国版本图书馆 CIP 数据核字(2020)第 148106 号

女大学生素质教育教程

主编　温文妮　陈慧枫

责任编辑:雷静
责任校对:高小田
封面设计:何东琳设计工作室
责任印制:朱曼丽

出版发行	西南财经大学出版社(四川省成都市光华村街 55 号)
网　　址	http://cbs.swufe.edu.cn
电子邮件	bookcj@swufe.edu.cn
邮政编码	610074
电　　话	028-87353785
照　　排	四川胜翔数码印务设计有限公司
印　　刷	郫县犀浦印刷厂
成品尺寸	185mm×260mm
印　　张	12.75
字　　数	277 千字
版　　次	2021 年 12 月第 1 版
印　　次	2021 年 12 月第 1 次印刷
书　　号	ISBN 978-7-5504-4486-7
定　　价	35.00 元

序

根据《广东省妇女发展规划（2011—2020年）》和广东省政府关于在全省开展以"自尊、自信、自立、自强"精神为核心的女性教育校园试点工作的要求，2011年广东省妇女联合会把河源职业技术学院定为广东省女大学生素质教育项目试点院校。该校自主开发的女性素质教育通识课程公选课"现代淑女"作为女大学生素质教育的重要载体，其教学内容分为四个模块——美丽女性、甜蜜女性、风采女性、才情女性（每个模块1个学分，学生可以单选或全选）。项目建设以课堂教学、专题讲座为主，以实践活动、社团活动为辅，以网络教学资源为补充，全方位加强女大学生素质教育。

现代淑女课程组在设计每个模块的单元课程内容前做了大量问卷调查，以当代女大学生在生理与心理、人际交往、学业、恋爱等方面的问题、困惑为基础，设计教学内容。该课程涵盖了女性形象礼仪、爱情与婚恋、女性与职场、女性才情文化等内容。

美丽女性模块：这部分内容围绕女性的外在形象、仪态谈吐而设置，以靓丽、优雅为主题，讲授服饰搭配、色彩搭配、仪态举止、社交礼仪、餐饮礼仪等。

甜蜜女性模块：这部分内容主要是帮助女性处理在婚恋家庭关系中的六大问题。课程以六种花指代六个方面的内容：玫瑰花指代恋爱与择偶方面的内容，丁香花指代生理与心理方面的内容，百合花指代婚姻与家庭方面的内容，牡丹花指代消费与理财方面的内容，莲花指代法律保护和权益保障方面的内容，太阳花指代女性饮食与营养方面的内容。

风采女性模块：这部分内容围绕女性在职场中的困惑和问题，以热卖小说《杜拉拉升职记》中的杜拉拉职场形象为案例，分析女性在职场的就业困惑、面试技巧、形象设计、人际关系处理、可持续发展能力培养等问题，帮助女性养成自信、积极、坚毅的职业品质。

才情女性模块：这部分内容突出诗词、茶酒文化、影音书画欣赏、人生感悟等，以品味、欣赏、修炼为主题，拓宽女性知识面，丰富女性生活，提升女性境界。

这是一本教育内容与教学方法相互呼应的教材。本教材用"动感小课堂"的方式呈现出种类繁多的教学方法，例如，角色扮演法、情景演练法、头脑风暴法、视频教学法等，体现了以学生为主体，既有益又有趣的教学特点。在多年女性素质教育通识课程"现代淑女"的教学探索与实践中，这些教学方法得到女大学生的一致好评。同时，这也是一本体例新颖、案例鲜活、与时俱进的教材，其通过"知识广角镜""延伸阅读""案例分享"等栏目提供大量的教学素材、阅读资料，融合了传统美德与时代精神，极具参考价值，实用性强。

现代淑女课程内容根据通识教育的内涵要求融合了形象礼仪、社会学、会计学、法学、文学、音乐、影视文化等 10 多门专业课知识。为了克服融合不同专业知识的困难，河源职业技术学院时任党委书记高仁泽同志统筹、组建了现代淑女课程组，从学校宣传部、党政办、女工部、思教部、教务处、校团委、人文学院、工商学院等各部门抽调骨干力量，组成一支跨学科、跨部门的教学团队，全面负责女大学生素质教育项目的策划和建设。怀着对教育的高度责任感与使命感，学校时任党委书记高仁泽亲自率领工作小组成员在前期做了大量的问卷调查，再依据调查情况反映的问题和意见，构建现代淑女课程建设框架及每一堂课的课程设计，致力在顶层设计和具体教学组织上追求科学性、务实性，为如何在女大学生中开展女性教育做了极富意义的探索。同时，参与课程设计、教材撰写的老师还包括：罗春娜、黄丽琼、谢素静、黄蔚红（模块一），叶玲、张素芬、朱智凯、吴雄昌（模块二），杨海燕、欧阳世芳、唐继旺（模块三），史万莉、黄蔚红、邝茂华、罗丽丽、黄玉逵（模块四）等。感谢整个课程组团队为项目建设做出的无私奉献和努力，推进了女大学生素质教育项目的建设。这些努力使得现代淑女课程成为一门让女生"真心喜欢、终身受益"的女性素质教育通识教育公选课，增强了女生的社会性别意识，培养了女大学生"自尊、自信、自立、自强"的精神，全面提高了女生的综合素质。

2015 年，河源职业技术学院因在女大学生思想素质教育——淑女学堂工作中表现突出，被国家教育部评为"全国核心能力认证项目优秀单位"。2016 年 9 月，该校入选为广东省教育厅 2016 年"青春健康"艾滋病防控项目学校，获得 3 万元的立项资金。女大学生素质教育项目建设获得广东省妇女联合会、河源市妇女联合会 10 万元专项项目资金与中国计生协、广东省计生协 8 万元"青春健康"项目资金支持；2012 年立项获广东省教育科研"十二五"规划 2012 年度研究项目支持。2016 年，女大学生素质教育项目纳入该校"创新强校工程"（2016—2020 年）建设项目。2017 年 5 月，该校的女大学生素质教育项目被确定为广东省教育科学"十三五"规划 2017 年年度区域（德育）品牌特色研究项目（德育专项，课题编号为 2017JKDY35），获得 1 万元立项资金支持。

我们谨以此书作为河源职业技术学院现代淑女课堂建设、学校创新强校女大学生素质教育项目和广东省教育厅"十三五"规划 2017 年年度区域（德育）品牌特色研究项目的成果之一。

编者

2021 年 3 月

M目录
ULU

模块一　美丽女性

美丽女性·内外兼修

【学习目标】

◎重新了解自己，认识到美丽是内外兼修的事业。

◎认识美丽的起点在于修养和态度。

【课程导入】

充满魅力的 30 岁，不会从天而降，如果之前的 29 年不够努力，那么过了 30 岁也不会有奇迹出现。这是"一眼"决定命运的时代，你改变不了时代，只能改变自己。

今天你照镜子了吗？

在社会多元化价值观的影响下，许多传统的、约定谷成的"规则"并没有改变，比如着装、妆容是服饰的语言，发型是人的形象标识，脸是人的最佳名片，手是代表身份的特殊名片……

你的穿着告诉别人你的年龄、身份、职业、性格、爱好、修养、收入水平……

管理自我的形象就是管理别人对待我们的态度。

锁住别人的目光就会让你拥有更多的机会。

一、修养，源于无私的奉献

如果说容貌、服饰是魅力之形，学识、阅历、修养则是魅力之本。

一个有修养的女人静若幽兰、芬芳四溢。有修养的女人不会随着岁月流逝而渐失光泽，反而会越发耀眼迷人，就好比奥黛丽·赫本。奥黛丽·赫本曾说过，记住，如果你在任何时候需要一只手来帮助你，你可以在自己每条手臂的末端找到它。随着你的成长，你会发现你有两只手，一只用来帮助自己，另一只用来帮助别人。

二、修养，源于豁达的胸怀和宽广的心胸

一人请教禅师，说有人在背地里捅他刀子，该怎么办？

禅师走出室外将一把斧子扔向天空，然后说道："你听不到天空喊疼，是因为天空高远、辽阔、心胸大。如果一个人有天空般宽广的心胸，别人就是再向他放暗箭、捅刀子，也无法伤及他的心灵。"

三、修养，源于丰富的内涵①

有人说，世界有十分美丽，但如果没有女人，将失掉七分色彩；女人有十分美丽，但远离书籍，将失掉七分内涵。

读书的女人是美丽的，"腹有诗书气自华"是人人都明白的道理。的确，书是女人修炼魅力之路上最值得信赖的伙伴，依靠它，你将不再畏惧年龄增长，不会因为几丝小小的皱纹而苦恼几天。因为，你已经拥有了一颗属于自己的独特心灵，有自己丰富的情感体验，你的生活，你生活中的点点滴滴，将会书香四溢。

（一）《写给女人》

幸福是女人一生追求的目标，世上的许多女人都梦想拥有美满的婚姻、和睦的家庭、成功的事业。在《写给女人》这本书中，戴尔·卡耐基以对女性生理、心理多年的深入研究为基础，对女性如何获得幸福、走向成功提出了许多睿智的见解和精辟的分析。书中所阐述的关于女人如何获得事业成功、婚姻美满、家庭幸福的方法和技巧，已经帮助世界上无数的女人走出迷茫、走向成功和幸福。这本书无论是对于未婚女性，还是已婚女性，都具有重要的意义。

（二）《女性个人款式风格诊断》

多年来，西蔓女士一直致力于中国色彩咨询业的创建和发展，活跃于商业色彩设计、个人色彩艺术指导、城市色彩设计、色彩研究及色彩顾问的培训等领域，并辛勤传播色彩文化，先后在媒体上主持专栏并发表几百篇文章，对国人的色彩审美和商业色彩应用意识的觉醒起到了巨大的推动作用。西蔓女士还以"西蔓色彩工作室"权威规范的色彩咨询业务的楷模形象，成功完成了理论导入与市场运作系统的确立，并在全社会树立起新兴色彩行业的鲜明特征和良好形象。

（三）《女人的身体 女人的智慧》

在当今的社会，多数女性不仅继续承担着传统的相夫教子的职责，而且和男性一样，她们需要撑起事业的"半边天"。身兼"贤妻良母"和"职业女性"两重角色的当代女性面对的压力也越来越大，因此，女性意识越来越模糊，女性健康的概念更不会是简单的

---

① 张玉斌. 女人应读的 30 本书 [M]. 北京：北京工业大学出版社，2003.

"就医驱病"。女性要获得真正的健康，就必须清楚地认识到她们想要得到的智慧的真正含义是什么，她们必须认识到，这种智慧遍及她们的整个存在——身体、心灵及精神。"健康是一个平衡的过程。"认识自己的身体，证实自己的身体，恢复生命的原始节奏，在身体与心灵的和谐中，女性才能开始新的生活。这是本书中坚持的健康观念。该书常年占据《纽约时报》的畅销书榜。

（四）《围城》

钱钟书通过主人公方鸿渐与几位知识女性的情感、婚恋纠葛，以及方鸿渐由上海到内陆的一路遭遇，以喜剧性的讽刺笔调，刻画了抗战环境下中国一部分知识分子的彷徨和空虚。作者借小说人物之口解释"围城"的题义：这是从法国的一句俚语中引申而来的，即"被围困的城堡"。"城外的人想冲进来，城里的人想逃出来。"小说的整个情节，是知识界青年男女在爱情纠葛中的围困与逃离，而在更深的层次上，则是表现一部分知识分子陷入精神"围城"的境遇。这正是《围城》主题的深刻之处。

【知识广角镜】

要永远记得：就算是奥黛丽赫本也无法摆脱岁月的印迹，不褪色的修养，才是魅力的保鲜剂！

在得到别人认可之前，尽可能多地让自己拥有更多为魅力加分的能力和品行。

打扮不会令人讨厌，不管长相如何，先让自己有才气，如果才气也没有，那就总是微笑。

四、美丽态度

荷：出淤泥而不染，濯清涟而不妖。

梅：俏也不争春，只把春来报。

竹：千磨万击还坚劲，任尔东西南北风。

什么是女孩子真正强大的表现？不是美貌，不是才华，也不是依附别人，而是有一颗在经历失落、悲伤、打击和孤独后能够迅速宁静下来的心，以及备受伤害后依旧留存的温暖。真正需要强大的，不是你的外壳，而是你的心。

喜欢自己，勇敢地走到人群中去——要自信。

每个女生都应该有一双好鞋，一双好的鞋子会把你带到你想去的地方。

【动感小课堂】

请每个人对身边的人大声地说出：我很……我可以……（每人至少说五句，双方不得重复）

【核心小结】

美丽的不仅仅是容颜，更应该是内在的修养和对生活的态度。

美丽女性·内外兼修

运动与健康

【学习目标】

◎认识到运动对美丽的重要性。

◎选择科学的运动、适合的运动。

【课程导入】

梅艳芳于 2003 年 12 月 30 日因宫颈癌去世，年仅 40 岁；陈晓旭于 2007 年 5 月 13 日因乳腺癌去世，还不到 42 岁。

我们不禁思考：怎样才算健康？怎样才能拥有健康？

大学生处于生长发育的旺盛时期，脑力和体力活动频繁，如果不注重营养与运动，长此以往就会出现营养不良、体力不支的情况，不利于其健康发展。

世界卫生组织估计，全球因缺乏运动而引致的死亡人数，每年超过二百万。

不运动，会使身体的免疫能力下降，某些疾病和病毒不能得到有效免疫而诱发猝死。

运动过量会使机体免疫功能受到损害：在剧烈运动时，体内会产生较多的肾上腺素和皮质醇等激素，到一定数量时，可使免疫器官中的脾脏产生白细胞的能力大大降低，致使淋巴细胞中的 A 细胞、B 细胞及自然杀伤细胞（NK 细胞）的活性大大降低，其中自然杀伤细胞可减少 35%。剧烈运动后的免疫力降低要维持 1 小时左右，要经过 24 小时以后才能恢复到原来的水平。

生命在于运动，健康在于如何运动；运动有学问，关键在适量。

一、什么是运动适量

只要出汗就说明运动开启了，但是适量与否并不能以是否出汗为标准。运动"量"实际上包括运动强度、持续时间和次数/周三个主要因素。

运动效果的评估包括以下三方面：

第一，运动量适宜：运动后有微汗、发热感，感觉轻松愉快，稍有乏力，休息后乏力感即消失，恢复精力，血糖下降；每次运动后脉搏在休息几分钟内恢复到运动前水平，并且运动后感觉轻松愉快，食欲和睡眠良好，体重基本稳定。

第二，运动量过大：大汗、胸痛、胸闷、全身乏力，休息后未恢复，血糖升高。

第三，运动量不足：无汗，无发热感，脉搏无变化，血糖无改变。

二、合理运动的好处

合理的运动有利于改善胰岛功能，降血糖、降血脂、降血压，减轻体重，减少和延缓并发症的发生，使人精神愉快，增加自信心，延缓衰老，改善肺的通气功能，改善消化功能，增加骨钙的含量。

三、哪些是适合我们的运动？

有氧运动：强度小、节奏慢，运动后心跳不过快、呼吸平缓的一般运动，如慢跑、快走、健身操等。

无氧运动：强度大、节奏快，运动后心跳大于 150 次/分，呼吸急促的剧烈运动，如拳击、快跑、踢足球等。

混合性运动，即有氧和无氧的混合性运动，如中长跑冲刺阶段。

有氧运动才是科学的健身方法。所谓有氧运动是人体在充分供氧的情况下进行的运动。有氧运动的特点是强度较低、持续时间较长，主要由有氧代谢提供能量，如长距离散步、慢跑、跳舞、骑自行车、游泳及滑冰等。

四、适合女性的几种健身运动

（一）慢跑

慢跑的时间不宜过长或过短，一般 20 至 30 分钟。

慢跑的好处：规律不间断的慢跑运动练习可以大量消耗身体中的多余脂肪，是健康减肥的好方法。而跑后的辅助练习，如缓解身体疲劳的拉伸锻炼，是塑造体形、增强耐力的最佳选择。

长期坚持慢跑是减肥的好方法，不会对身体造成任何伤害，同时减肥后不会反弹。俗话说"饭后三百步，不用上药铺"，坚持慢跑能让健康与美丽同时进行到底。

（二）仰卧起坐

我们可以在垫上做仰卧举腿和仰卧收腹举腿练习。初学时可以把手靠于身体两侧，借助两臂摆动的力量，用手触及脚尖。当适应了或体能增强后，手就可以交叉贴于胸前。

身体仰卧于地垫上，膝部屈曲成 90 度左右，脚部平放在地上练习直腿仰卧起坐。平地上切勿把脚部固定。（对于起不来的状况可以在有一定坡度的垫子上完成仰卧起坐练习，比如躺在床上，头部下方放一个枕头，等适应后去掉。）

身体起来离地 10 至 20 厘米后，收紧腹部肌肉并稍做停顿，然后慢慢把身体下降回原位。

当背部着地的时候，便可以开始下一个循环的动作。

经过长时间练习后，参照上述方法在平垫上练习屈腿仰卧起坐。

仰卧起坐的练习由简单到难，仰卧起坐的次数应该由少到多，但是练习过多会使腹部产生疼痛感，不利于身体健康。运动是为了更健康，所以要循序渐进。做仰卧起坐可以消耗身体的脂肪，恰当地做仰卧起坐的好处是，可以增强核心肌群的力量，使腹肌变结实，腹肌的强壮对背部有较好的支撑作用。

（三）瑜伽

瑜伽是运用古老而易于掌握的方法，增强人们生理、心理、情感和精神方面的能力，是一种使身体灵与精神达到和谐统一的运动形式。

（1）瑜伽减肚子的方法。

仰躺在地上，双脚脚背绷起，左腿伸直，右腿弯曲膝盖，双手抱住将其拉向胸前。

呼气，同时左手轻轻将右膝盖压向左侧地面，躯干扭转，同时右手臂向右外侧伸展。

吸气，回到中心起始姿势，双腿并拢伸直，双手放在身侧。吸气同时弯曲左膝盖，双手抱住将其拉向胸部。

呼气，右手轻轻将左膝盖压向右侧地面，同时左手侧举至肩膀高度伸展，接着吐气，回到起始姿势。重复上述动作共3~5次。

（2）瑜伽减小腿的方法。

平坐于地面上，屈膝，脚掌相贴，靠近大腿内侧，腿部尽量贴近地面，背部保持挺直，身体微微向前。

跪坐，手伏地，分开与肩同宽，在大腿处夹瑜伽砖，这样便于之后的向上拉伸，踮起脚尖，向上提起臀部，慢慢伸直双腿和双臂，身体向下压，使上半身呈一直线，脚跟慢慢着地。

坐于地面，双腿伸直，背部挺直，脚尖向上为了让你能更好地屈伸。初学者应该在臀部下方垫上垫子或毛毯；慢慢向前屈伸，为了更容易屈伸，你可以把瑜伽绳套在脚上，双手拉住绳头。这样既可以让你的脚尖保持向上，又能够助你伸直双腿。

每天抽出15分钟练习，让美丽与健康同时进行。长期练习瑜伽好处多多：长期练瑜伽可以使你站立或行走时更加挺拔，特别是长期坐在书桌前的我们或多或少有一些驼背，可以帮助我们塑造挺拔的曲线，增强身体的柔韧性，使气质更优雅；长期练习瑜伽可以增强记忆力，提高思维水平，集中精力；长期练习瑜伽可以调节心性，使内心平静，心情愉快，增强我们自身的控制力，帮助我们减轻压力；长期练习瑜伽还可以促进血液流通，滋养皮肤，保持好的气色。

（四）我们平时随手可做的运动

走路：多利用楼梯，少乘电梯；多走路，少乘车。

伸展：看电视时，可在广告时间做一些伸展运动，如弯腰、踢脚等。

定期运动，如打羽毛球、游泳等。

五、运动时间与要求

餐后1小时运动最佳（从第一口饭算起）。

最好每天三餐后运动。

每次坚持30~60分钟，时间不宜过长。

【核心小结】

运动是生命的滋润剂，健身是青春的美容师，健身是对生命的投资，运动是对健康的保险，生命在运动中延续，健康在锻炼中加固。科学运动创造健康与美丽。

美丽女性·形象美学

服饰搭配

【学习目标】

◎掌握着装的基本原则。

◎了解着装需要注意的问题。

【课程导入】

你的形象告诉了人们什么？

你穿的不仅是衣服，更关乎你的价值；

你化的不仅是妆，更关乎你的品质；

你梳的不仅是发型，更关乎你的品位。

高质量的人生＝体力＋智力＋形象力。

一、着装的基本原则

（一）"TPO" 原则[①]

服饰穿着的基本原则是"TPO"原则，T 即时间（time），P 即地点（place），O 即场合（occasion）。"TPO"原则即指我们在选择服饰时，要注意配合时间、地点、场合三个重要因素。

时间原则是指不同时段的着装规则，对女士尤其重要。男士用一套质地上乘的深色西装或中山装足以应对各个时间段，而女士的着装则要随时间而变换。白天工作时，女士应穿着正式套装，以体现专业性；晚上出席鸡尾酒会就须再进行一些修饰，如换一双高跟鞋，戴上有光泽的佩饰，围一条漂亮的丝巾；服装的选择还要适合季节气候的特点，保持与潮流大势同步。

场合原则要求衣着要与场合相协调。与顾客会谈、参加正式会议等，衣着应庄重考究；听音乐会或看芭蕾舞，则应按惯例着正装；出席正式宴会时，则应穿中国的传统旗袍或西方的长裙晚礼服；出席朋友聚会、参加郊游活动等，着装应轻便舒适。试想一下，如果大家都穿便装，你却穿礼服就有欠轻松；同样的，你如果以便装出席正式宴会，不但是

---

① 苏文. 涉外礼仪 ABC［M］. 南宁：广西科学技术出版社，2005.

对宴会主人的不尊重，也会令自己尴尬。

地点原则是指在自己家里接待客人，可以穿着舒适、整洁的休闲服；如果是去公司或客户单位拜访，穿职业套装会显得专业；外出时的着装要顾及当地的传统和风俗习惯，如去教堂或寺庙等场所，不能穿过露或过短的服装。

（二）符合身份

干什么要像什么，不同身份的人穿不同的衣服，给对方和自己以适当的角色感。

（三）扬长避短

要会利用穿搭扬长避短，修饰身材，如脸型长的人不穿 V 领等。

（四）区分场合

工作场合的穿着要端庄优雅，休闲场合舒适自然。

（五）遵守常规

遵守常规，不穿奇装异服。

二、服饰与肤色

（一）肤色偏苍白

推荐穿着淡色系列的服装，这样会显得人格外青春、柔和甜美。深色的衣服（除黑色以外），会使皮肤显得更为白净、鲜明、楚楚动人。不宜穿纯黑色，否则会越加突出脸色的苍白，甚至会使面容显得病态、疲倦。

（二）肤色白而红润

推荐穿着非常淡的丁香色和黄色，不必考虑哪个为主色，也可以穿淡咖啡色配蓝色，黄棕色配蓝紫色，红棕色配蓝绿色等的衣服。面色红润的女性，最宜采用微饱和的暖色作为衣着配色，也可采用淡棕黄色、黑色加彩色进行装饰，或用珍珠色来陪衬健美的肤色。

（三）肤色黝黑健康

推荐穿暖色调的弱饱和色的衣服，亦可穿纯黑色衣着，以绿、红和紫罗兰色作为补充色，可选择三种颜色作为调和色，即白色、灰色和黑色。主色可以选择浅棕色。不要穿大面积的深蓝色、深红色等灰暗的颜色，这样会使人看起来灰头土脸的。

（四）面色偏黄

面色偏黄的女性，适合穿蓝色或浅蓝色的上装，它能把皮肤衬得洁白娇嫩；也适合穿粉色、橘色等暖色调服装。尽量少穿绿色或灰色调的衣服，这样会使皮肤显得更黄甚至会显出"病容"，品蓝，连紫色上衣也不适合。

（五）健康小麦色

黑白两色的强烈对比很适合这类肤色。深蓝、炭灰等沉实的色彩，以及深红、翠绿这些色彩也能很好地突出这类女性开朗的个性。不适合穿茶绿、墨绿的衣服，因为与肤色的反差太大。

三、服饰与身型

（一）标准身型

这种标准体型穿什么衣服都好看，在色彩搭配和谐的前提下可穿任何流行时装。

（二）葫芦型或沙漏型

这种身型的身材就像葫芦一样，胸部、臀部丰满圆滑，腰部纤细。适合穿衬衫与长裙搭配，也可以加上束腰、裹扎式外衣或有荷叶边装饰的外衣，上窄下宽的大摆裙、直筒裤或是长过臀部的外套。避免厚重的套头衫。

（三）苗条型（瘦型）

身材苗条、胸部中等或较小、臀部瘦削扁平，没有腹部及大腿旁的赘肉，这种身型适合穿有形的、轮廓分明的上衣，斜裁的、下摆逐渐向外张开的裙子，带褶的裙子，高腰或垂腰式裙子或长裤。不要系宽的或颜色对比鲜明的腰带，避免在臀部有大外口袋的衣服和过于紧身的衣服。

（四）梨子型或三角型

这种身型上身肩部、胸部瘦小，下身腹部、臀部肥大，形状就像一个梨子。适合上身有装饰的式样，例如，收腰、肩章、褶皱和外口袋；直线条上衣，长度或高于或低于臀部的最宽处都可以；套衫式上衣、垂腰式上衣、两件套外衣。避免无肩缝衣袖，不要穿有束腰和褶皱的外衣或臀部有图案的服装，避免长至臀部最宽处的紧身上衣，不要穿颜色上深下浅的上衣。

（五）腿袋型

这种身型的臀部和大腿旁有许多赘肉，看上去就像在大腿旁边挂上了两个袋子一样。这种体型要绝对避免穿紧身裤子，否则只会暴露缺点。穿式样简单的打褶裙子或长裤，颜色选择明度和花纹饱和度较低的暗色。

（六）娇小型

身高在 155 厘米以下的娇小身型，最佳的穿着是选择整洁、简明、直线条的款式。垂直线条的褶裙、直统长裤、从头到脚穿同色系列或素色的衣服、合身的夹克都可以修饰娇小型的人的身材，从视觉上拉长比例。避免穿着过长、样式繁复的衣服。

所有适合职业女士在正式场合穿着的职业装、裙式服装中，套裙是首选。它是西装套裙的简称，上身是女式西装，下身是半截式裙子。也有三件套的套裙，即女式西装上衣、半截裙外加背心。

套裙可以分为两种基本类型：一种是女式西装上衣和裙子成套设计、制作而成的成套型或标准型；一种是用女式西装上衣和随便的一条裙子进行的自由搭配组合成的随意型。

四、套裙的选择

女式裙子一般有三种样式：及膝式、过膝式、超短式。（白领女性超短裙裙长应不短于膝盖以上 15 厘米）

在选择套裙时，女性应从以下方面进行考虑：

（1）面料上乘：平整、润滑、光洁、柔软、挺括，不起皱、不起球、不起毛。

（2）色彩宜少：以冷色调为主，不超过三种，体现出典雅、端庄、稳重，如黑色、深蓝色、灰褐色、灰色、暗红色等。

（3）图案忌花哨：无图案或图案为格子、圆点、条纹为宜，点缀忌多。

（4）尺寸合适：上衣不宜过长，下裙不宜过短。

（5）款式时尚：领型、纽扣、门襟、袖口、衣袋等的样式设计新颖、时尚。

五、套裙配色

套裙的配色要突出上衣时，裤装颜色要比上衣稍深；突出裤装时，上衣颜色要比裤装稍深。上衣有横向花纹时，裤装不能穿有竖条纹的或格子的；上衣有竖纹花型，裤装应避开有横条纹或格子的；上衣有杂色，裤装应穿纯色的；裤装是杂色的时，上衣应避开杂色；上衣的图案花型较大或复杂时，裤装应是纯色的；中间色的纯色与纯色搭配时，应辅以小饰物进行搭配；全色配色最好不要超过 4 种。

六、套裙的穿法

套裙的穿法应遵循以下几点：

（1）大小适度：上衣最短也要齐腰，裙长可达小腿中部，若腿形线条优美、匀称，裙长在膝盖上 2 厘米；反之，在膝盖下 2 厘米，以扬长避短；袖长刚好盖住手腕；整体不过于肥大或紧身。

（2）穿着到位：衣扣要全部扣好，不允许随便脱掉上衣。

（3）考虑场合：商务场合宜穿的宴会、休闲等场合不宜穿。

（4）协调妆饰：高层次的穿着打扮，讲究着装、化妆和佩饰风格的统一。

七、套裙配饰

衬衫：面料应轻薄柔软，颜色应雅致端庄，无图案，款式保守。

内衣、衬裙：不外露、不外透、颜色一致、外深内浅。

袜子：穿裙子应当配长筒袜或连裤袜（忌光脚），颜色以肉色、黑色为宜，若穿裤子，可配肉色短袜；袜口不能露在裙摆或裤脚外边（忌三截腿）；正式的高级的场合不光腿，尤其是在隆重正式的庆典仪式上；袜子不能出现残破。

鞋子：鞋子以高跟鞋、半高鞋跟黑色牛皮鞋为宜，宜穿跟高3～6厘米的高跟皮鞋，不能露脚趾，颜色选择与裙摆一致或稍深的鞋。

手提包：宜选用与服装相配的颜色，不宜太小，以能装下16开或A4纸大小的文件为宜，包内应随时带一双肉色连裤丝袜或短丝袜，注意全身上下的颜色不要超过三种。

建议女士的公事包中放入以下物品：一把可以折叠的小雨伞、一双新袜子、一包纸巾、一个化妆包、一个针线盒。

其他配饰遵循一般的服饰搭配要求。

八、鞋子搭配

女子穿着一身漂亮的衣服时，总得有一双得体的鞋相配方能显示出一种整体美。穿西装套装或套裙时绝不能配一双布鞋或球鞋，而应配皮鞋，深色套装套裙可以配黑色皮鞋。

随着人们穿着品位的提高，女士不同颜色不同款式的套装越来越多，因此，在选择套装时，最好也应选择与套装相配的皮鞋。比如，棕色套装最好选棕色或棕黑色皮鞋，这样上下呼应，有一种整体美感；穿带花色的套裙，最好选择一双与裙子主色相呼应的皮鞋，这样，皮鞋与裙子的某一种颜色呼应，能产生高雅动人之感。相反，如皮鞋颜色与上下装的颜色反差太大，会使人感觉不协调、不统一。

九、袜子搭配

女士如着裙装，必须穿适当的袜子，不穿袜子出现在社交场合是很不礼貌的。女士穿长裙，可选择中长肉色袜子；穿超短裙或一步裙，应配穿连裤袜。总之，长筒袜的长度一定要长于裙子下部边缘，否则一步一走，露出一截腿来，很不雅观。

袜子的颜色应与自己的肤色相配，一般肉色长筒袜能使女士皮肤罩上一层光晕而显示出一种线条美。但肉色长筒袜又有许多种颜色层次，皮肤较白的人，可选择一些浅肉色的长筒袜，可以更显皮肤的细腻娇嫩。

皮肤较黑或粗糙的人，可以选深肉色的长裤，这样可以弥补肤色的缺陷，从而使得腿部更加修长健美。

应慎重选择白色和黑色的长袜，一般穿黑色裙装时可以配黑色长袜，可以使整体搭配更和谐。如穿淡颜色的裙子，切忌穿黑色长袜。而白色袜子在正式社交场合下不适宜穿着。

进入室内场所时应卸去帽子、大衣、雨衣和套鞋，并一起存放到存衣处。

【核心小结】

服饰是一种语言，更是美丽形象的门面。

美丽女性·形象美学

色彩搭配

【学习目标】

◎掌握色彩搭配原则、方法和技巧。

服饰的美是款式美、材质美和色彩美三者完美统一的体现。形、质、色三者相互衬托、相互依存，构成了服饰美统一的整体。

在生活中，色彩美是最先引人注目的，因为色彩对人的视觉刺激最敏感、最快速，会给他人留下很深的印象。

服饰色彩的相配应遵循一般的美学常识。

服装与服装、服装与饰物、饰物与饰物之间的色彩应色调和谐，层次分明。饰物只能起到锦上添花的作用，而不应喧宾夺主。

服饰色彩在统一的基础上应寻求变化，服装与服装、服装与饰物、饰物与饰物之间在变化的基础上应寻求平衡。比如，一般认为，衣服里料的颜色与表料的颜色，衣服中某一色与饰物的颜色均可进行呼应式搭配。

一、色彩搭配的主要方法[①]

首先要按一定的计划和秩序搭配色彩；其次相互搭配的色彩要主次分明，各色之间所处的位置和所占的面积一般按接近黄金分割线的比例关系进行安排，容易产生秩序美；再次由搭配而产生的运动感是必不可少的；最后色彩的运动感，也可根据颜色的饱和度和明度，进行有规律的渐变或者配色而产生。无论如何搭配，最终的效果在心理和视觉上要有和谐感。为此，我们可利用装饰和衬托来强调服装某一部分的吸引力而达到这一效果。根据以上的原理，我们可以从色相配色、明度配色、纯度配色来看服装的色彩之间的搭配组合所产生的效果。

（一）色相配色

服饰色彩的整体搭配往往是以多种颜色相配置而构成的，其配色的视觉效果以明度差和纯度差的适当变化为基础，将色相作为中心来看待。色彩使用得越多，就越需要某种统一的要素。其实，多色相配合形成的视觉效果及特征，与色相差有关系，配置方式可以分

---

①　朱磊，孙薇. 设计色彩［M］. 北京：清华大学出版社，2016.

为邻近色相配色、类似色相配色、差色相配色、对比色相配色、补色色相配色、有彩色相与无彩色相配色。在服饰搭配时要注意几点：其一，注意色彩、明度、色相、纯度上的对比关系的适度性；其二，注意色相与面积、形状、位置、聚散、虚实的统一性；其三，注意色与色之间的呼应、穿插、重叠、主从关系的和谐性，最主要的是注意统一调和的因素，要达到多而不乱、不碎、多变且统一的效果。

（二）明度配色

不同明暗程度的色彩组合配置在一起，要更加注重色彩的明度调性及对比度。服饰明度配色无非有下面三种配色形式及效果：高明度调的配色，形成一种优雅的明亮调性，如白、高明度淡黄、粉绿、粉蓝等色彩常被认为是富有女性感的色调，也是夏季常用的服装色调；中明度调的配色是最适合中年人的服饰色彩，具有含蓄庄重的风格，它也是青年人常用的配色原则，如用较高纯度的红色、蓝色搭配，使穿着表现出活泼的性格；低明度调的配色形成偏深色的沉静调性，具有庄重、严肃、文雅、忧郁之感，这种调性，若青年人使用，则显得文静内向且深沉，若老年人使用，则显得庄重、含蓄、老成。低明度调也是冬季服饰最常使用的颜色配色。

（三）纯度配色①

服饰上的色彩，如果使我们在视觉上感到过于华丽，或过于年轻，或过于朴素，或过于热烈等，都是由于服饰色彩纯度过强或过弱。当在不同明度、不同色相情况下进行服饰配色时，纯度配色也能产生丰富且具有变化的视觉效果。当纯度差小，明度差接近时，服饰色彩的视觉效果就越感柔和，形象视认度较低；当纯度差越大，明度差拉开时，服饰色彩的视觉效果就越感跳跃、明快，形象视认度较高。同样，在纯度配色中，也不能忽视了色相的作用。如增强了色彩的色相倾向，其纯度相对也就加强了，随之也增强了活泼、动态之感，使服饰色彩情调有所加强；若减弱，则与之相反。可见纯度配色时，要充分运用好明度差、色相差、面积差之间的关系来搭配服饰色彩。它的好坏或成败，在于色彩关系是否适度，即局部上是否有一定的变化与对比，整体上是否有一定的统一与和谐。服饰色彩搭配，除了要把握以上的配色关系外，还必须充分注重色彩与面料材质、纹样及色彩与人体体态和肤色等综合因素所产生的视觉美感效果。这是服饰色彩搭配产生美的客观的物质基础。因为相同材料所构成同样的形或相同的纹样所构成的形，往往由于配色的不同而产生各种不同的视觉效果和情感变化。

二、着装的配色原则②

服装色彩搭配有三种方法可供参考：

---

① 刘源. 从设计的角度学习色彩［M］. 北京：中国农业出版社，2010.
② 引自马银春，《我最想要的礼仪书》，中国物资出版社，2011.

第一，同色搭配。由色彩相近或相同，明度有层次变化的色彩相互搭配形成一种统一和谐的效果。如墨绿配浅绿、咖啡配米色等。在同色搭配时，宜掌握上淡下深、上明下暗的方法。这样整体上就有一种稳重踏实之感。

第二，相似色搭配。色彩学把色环上大约九十度以内的邻近色称之为相似色，如蓝与绿、红与橙。相似色搭配时，两个色的明度、纯度要错开，如深一点的蓝色和浅一点的绿色配在一起比较合适。

第三，主色搭配。只选一种起主导作用的颜色，与其他各种颜色搭配，形成一种互相陪衬、相映成趣之效。采用这种配色方法，应首先确定整体服饰的基调，其次选择与基调一致的主色，最后再选出多种辅色。主色调搭配如选色不当，容易造成混乱不堪的效果，有损整体形象，因此使用的时候要慎重。

第四，不同场合色彩选择。根据工作性质职业服装可分成两大类，即办公服和工作服。这里主要是指办公服。办公服是指坐办公室的女士穿着的上班服装。

选择办公服的一个原则就是要求高雅、整齐、大方、舒适、实用、挺括不起皱。

女性办公服在款式上宜选用套装、套裙，颜色以素雅为好，如藏蓝、炭黑、烟灰、雪青、黄褐、茶褐、蓝灰、暗土黄、暗紫红等较冷的颜色，这些颜色会给人一种稳重、端庄、高雅无华之感。切忌选用大红大绿或太刺眼的颜色。

以两件套西装套裙为例，上衣与裙子可以是同一颜色，也可以采用上浅下深或上深下浅两种不同的颜色，来使之形成对比。前者正统而庄重，后者则富有动感与韵律，各有千秋。

另外，可以在上下同色的套裙上，以衬衫、装饰手帕、丝巾、胸花等不同色彩的衣饰来锦上添花，或者与下装面料、颜色相同的材料来做上衣的衣领、兜盖等，使衣裙的色彩遥相呼应，产生协调美。

从图案上讲，西装套裙讲究的是朴素、简洁。

除素色面料外，各种或明或暗、或宽或窄的格子与条纹图案，以及规则的圆点所组成的图案的面料，大多数也都可以选择。

从整体造型上讲，西装套裙是变化无穷的。但是，它的变化主要集中于长短与宽窄两个方面。在西装套裙中，上衣与裙子的长短没有明确的规定。但最好不要太长或太短，以免短了不雅，长了没神。

据实践经验来看，上衣与裙子的造型，采用上长下短、上短下长都可以产生较好的效果。

三、色彩搭配与体型

(一) 体型肥胖者

体型肥胖者宜穿墨绿、深蓝、深黑等深色系列的服装，因为冷色和明度低的色彩有收缩感。颜色不宜过多，一般不要超过三种颜色。线条宜简洁，最好是细长的直条纹衣服。

（二）体型瘦小者

体型瘦小者宜穿红色、黄色、橙色等暖色调的衣服，因为暖色和明度高的色彩有膨胀的感觉。不宜穿深色或竖条图案的衣服，也不宜穿大红大绿等冷暖对比强烈的服装。

（三）体型健美者

体型健美者夏天最适合穿各种浅色的连衣裙，宜稍紧身，并缀以适量的饰物。

四、色彩搭配小窍门

（一）服装对比色搭配法

服装对比色搭配法是利用两种颜色的强烈反差而取得美感，常常被人选用。使用时要注意：

第一，上下衣裤色彩应有纯度与明度的区别。

第二，两种颜色不能平分秋色，在面积上应有大小之分、主次之别。

（二）服装邻近色搭配法

选择邻近色作为服饰的搭配是一种技巧：一方面两种颜色在纯度和明度上要有区别；另一方面又要把握好两种色彩的和谐，使之互相融合，取得相得益彰的效果。一般邻近色的搭配有：黄与绿，黄与橙，红与紫。

服装的色彩可根据配色的规律来搭配，以达到整体色彩的和谐美。

第一，全身色彩要有明确的基调。主要色彩应占较大的面积，相同的色彩可在不同部位出现。

第二，全身服装色彩要深浅搭配，并要有介于两者之间的中间色。

第三，全身大面积的色彩一般不宜超过两种。如穿花连衣裙或花裙子时，背包与鞋的色彩最好在裙子的颜色中选择，如果增加异色，会有凌乱的感觉。

第四，服装上的点缀色应当鲜明、醒目、少而精，起到画龙点睛的作用，一般用于各种胸花、发夹、纱巾、徽章及附件上。

第五，上衣和裙、裤的配色示例：淡琥珀配暗紫，淡红配浅紫，暗橙配靛青，灰黄配淡灰青，淡红配深青，暗绿配棕，中灰配润红，橄榄绿配褐，黄绿配润红等。

第六，万能搭配色：黑、白、金、银与任何色彩都能搭配。任何颜色配白色，增加明快感；配黑色，平添稳重感；配金色，具有华丽感；配银色，则产生和谐感。

在大学里，对于服装的搭配我们是自由的，可以自由选择任何的颜色。大学生在服饰搭配方面，应尽量以亮色为主，这样不仅能够展现出大学生的青春活力，而且能够有利于大学生心理、生理等方面的健康发展。穿亮色一点的衣服，在给人朝气蓬勃之感的时候，自己也会觉得特别有精神。人的第一印象主要来自服装的色彩搭配，不说别的，若一个人总是穿较暗的、明度较低的衣服，难免给人消极的感觉。

【延伸阅读】

世界各国的色彩喜好

不同国家的人，对色彩的感觉存在着很大的差异。人们对色彩的偏好和色彩的感觉，因地域的差异而存在很大的差别。

色彩禁忌在世界各国之间有很大的不同。

古代中国，黄色是帝王的象征，印度和古希腊也认为黄色是皇室的颜色，或者把黄色作为太阳的颜色加以崇拜。然而有些国家，比如在信基督教的国家的人们心目中，黄色与背叛、可耻、卑鄙等联系在一起，这是由于犹大穿的衣服是黄色的。阿拉伯地区黄色是绝望和死亡的象征。

白色在亚洲一些国家常与死亡有关，成为丧服色，但在欧洲它代表着纯洁、神圣。

红色在阿拉伯地区、非洲一些国家如尼日利亚，以及美洲的墨西哥不受欢迎，被认为是有晦气之义，但在亚洲的中国、印度等国则是吉祥色，意味着喜庆和幸福。

紫色在欧美基督教国家是天国的象征色。紫色在拉丁美洲地区的大多数国家中不被喜欢，因为它与死亡联系在一起，但在亚洲的中国和日本，紫色是高贵而庄重的颜色，受到人们的喜爱。

为什么会有这种差别呢？因为人们对色彩的偏好是各国宗教、文化、历史、地理环境等决定的。

【核心小结】

色彩本身没有美丑之分，但是不同的色彩搭配在一起会在视觉上给人带来不同的感受，因此学会色彩搭配，寻找合适的色彩，是一种获得美丽的技能。

美丽女性·形象美学

生活妆容

【学习目标】

◎认识生活妆容的重要性。

◎了解生活妆容的内容。

◎掌握生活妆容的基本要求和要点。

【课程导入】

英国有句谚语：当你和别人打交道时，他注意你的面部是很正常的，可他要是过多地打量你身体的其他部位，那就有些不正常了。因此，在人际交往中，每个人的容貌都会引起交往对象的特别关注。西方学者经过研究得出了形象沟通的"55387"定律：决定一个人的第一印象中，55%体现在外表、穿着、打扮上；38%体现在肢体语言及语气上，而谈话的内容只占7%。因此，仪容对于我们的事业和生活有着举足轻重的作用，也影响到他人对自己的整体评价。

一、仪容护理

简而言之，仪容指一个人的仪表容貌，包括五官的比例和适当的发型衬托。就个人整体形象而已，容貌反映了一个人的精神面貌、朝气和活力，能在视觉上给接触对象传达最直接、最生动的第一信息。

对女性而言，好的面部皮肤是其青春的标志。在接待与服务中，女性要尽量展示出稳重、贤淑、典雅、端庄而不失敏捷的风采，充分体现出东方女性的温柔、含蓄。化妆是为了使人有更良好的精神风貌，弥补缺陷，自然、协调、不露痕迹应当是最佳的化妆效果，妆容以增加面部轮廓感和调整气色为主，保持口腔清洁①。

（一）皮肤的护理②

1. 洁面

用无泡沫的洗面奶时，把脸打湿后，挤出少量分别涂抹在额头、鼻子、下巴和两颊上

---

① 杨红霞. 旅游服务礼仪［M］. 北京：清华大学出版社，2015.

② 罗春娜. 秘书礼仪［M］. 北京：中国劳动社会保障出版社，2009.

再洗。对于有泡沫的洗面奶，把脸打湿后，应先将洗面奶在手心搓出泡沫，再把泡沫涂抹在脸上。

洗脸时应用中指和无名指指腹从下往上，由内而外打圈清洗，洗脸水的温度不宜过高，最好用温水，彻底洗净后，轻轻用冷水拍打脸部，再用软毛巾吸干脸部的水。

2. 爽肤

洁面后要补充丢失的水分，爽肤必不可少。爽肤可选择爽肤水或是柔肤水等。使用这些爽肤产品可借助化妆棉，或者用手拍。通常喷雾状的爽肤产品可以直接喷到脸上，再用手轻拍至吸收；非喷雾状的通常可以倒适量在化妆棉上，用小指和食指夹住化妆棉两端，斜擦脸部和颈部，再由下而上、由内而外在脸上擦一遍。

3. 润肤

乳液或面霜可以补充洁面后丢失的养分，恢复肌肤的柔软性，为接下来的化妆做好准备。使用乳液或面霜时，挤出适量于手心，再均匀涂抹在两颊、额头、鼻子和下巴五处，用中指和无名指由中央朝外、由下朝上涂抹于脸部和颈部，涂好后，再用手掌轻轻按压脸部以帮助吸收。

（二）化妆步骤

面部清洁，上化妆水，抹匀日霜的准备工作做完后，便可进入快速化妆流程。

第一步是打粉底。在面部打一层薄薄的粉底，不仅可以遮盖皮肤上的一些细小的瑕疵，还可以使肤色看起来更透亮，更均匀。粉底要选择适合自己的肤色的颜色，原则只要比肤色亮一度就好，切忌一味追求白，否则会有假面的感觉。

第二步是定妆。把散粉压按在脸上，之后用化妆刷扫去多余的散粉，这样可以使粉底更加均匀，并保持妆面的持久，若是干性皮肤可以省去该步骤。

第三步是描眉。想要脸部清爽有型，修眉必不可少。如果眉型修得足够好，描眉这一步可以省略，但是多数人还是需要描眉的。眉笔的颜色可根据妆面的风格进行选择，原则上与发色的深浅保持一致。眉形根据脸型和五官的比例来画，使描出来的眉毛与妆面整体保持和谐、一致。

第四步是眼部提亮，可以通过画眼影来实现。眼影要适合自己的眼部特点：眼睛凹的人，建议选浅色或偏亮的颜色；眼睛凸的人，建议选深色或偏暗的颜色。眼部化妆，还包括画眼线、贴假睫毛，眼线以黑色系或咖啡色系为主，可以使眼睛变大变亮，假睫毛不应过于夸张，慎用假睫毛。

第五步是腮红。无论冷暖肤色，都可以通过画腮红为面色增添红润光泽，并修饰脸型。选腮红时，冷肤色可以选用粉红色、玫瑰红色；暖肤色可选用桃粉色、杏色或珊瑚粉色。为了使腮红与皮肤融合得更加细腻通透，建议使用膏状腮红或者腮红液。

第六步是涂唇彩。涂唇彩的目的是使妆面更加亮丽完整，在夏季以淡色为宜，以滋润唇部为主，如选择透明色、淡粉色为好。

（三）不同脸型的化妆技巧

1. 长脸型

适宜较浅的自然型粉底，腮红用淡红色，从颧骨为中心往耳朵方向推抹成扇形，眉毛修饰成向脸部横向发展的平弧状缓和曲线，睫毛膏染外眼睫毛。总之，化妆尽量采用横向的线条与色块来造成视觉错觉，以使长脸型看上去短一些。

2. 小脸型

可用浅色粉底，腮红用浅桃红色、淡红，眉毛、眼睛、唇部颜色可选用明丽的颜色，线条的描画要清晰，使修饰过的五官显得眉清目秀。

3. 大脸型

可选用比自己肤色偏深一些的粉底，因为深色更具有收缩感，面部的两侧可以涂一些能与底色衔接的阴影色，额部、鼻梁、下巴涂上明亮色。眼睛要重点描画，加上眉毛和嘴唇的衬托，使得五官明艳清晰，以此来缩小脸部。

4. 圆脸型

在涂粉底时可用偏深的粉底涂面部两侧，使得面容狭长，在额部、鼻梁、下巴处涂明亮色以增加立体感。眉毛做上挑圆弧形描画，眼影用深色为宜，可增强凹凸感。

5. 方脸型

由于脸型棱角分明，这种脸型的化妆底色不宜太浅，色彩沉着的底色加上红褐色的面颊红，会使方脸有结实且圆润的感觉。眉型可以略粗，呈弧形，眼影与唇膏色彩可鲜明一些，以削弱脸部棱角。

【动感小课堂】

每位同学设计一个适合自己年龄、身份、性格的妆容。

【延伸阅读】

曾有人向林肯推荐一个人，此人才能卓越，但林肯见后没有用他。

推荐人："您为什么不用他呢？"

林肯："我不喜欢他的长相"。

推荐人："啊，那容貌好坏可是上帝负责的啊！"

林肯说："不，一开始由上帝负责，而后应该自己负责！"

二、发型设计

"发型是人的第二面孔"，在正常情况下，人们观察一个人往往从头开始，好的发型，既修头型，又修脸型。发型与身高、气质、职业背景和场合相匹配。曾有礼仪专家指出，当商务人员与客户碰面时，最先引起对方注意的主要是发型、化妆和饰品等。

（一）发型的设计原则①

1. 与发质相配

发质，即头发的性质，分为硬发、软发、沙发、卷发等几种发质。硬发，即头发又粗又硬，稠密有弹性，在选择发型时，要"删繁就简"；软发软而细，不稠密，弹性不大，不宜塑造平直的发型；沙发即头发干涩稀疏、灰暗无光，不宜塑造中、长类型的发型；卷发是自然呈现弯曲的发质，可塑造任何发型。

2. 与体型相配

高大者，其发型选择性多，包括直短发、披肩发、波浪式卷发等；矮小者可选择短发，以便在视觉上形成"显高"的效果，禁忌披发及腰，会显得更加矮小；瘦小者，可以做蓬松的发型，如波浪卷发或梨花头等；胖者不可以将头发做得蓬松丰厚，最好露出双耳。

3. 与年龄相配

青年者发型应该彰显青春和活力；中年者发型应该彰显干练成熟，不能卖老，也不能装嫩。

4. 与职业相配

不同职场有不同的发型具体要求，但整体而言，职场上，女士头发应当梳理得当，在正式场合，要求露出眉毛、束发或盘发，不做随意和松散的发型，以打造干练的形象。

（二）如何找到适合自己的发型②

1. 根据自己的脸型

（1）棱角型的脸型——棱形。

脸型特征：突出颧骨、前额窄、下巴突出。

发型建议：以有角度的发型强调颧骨，以刘海增加前额的宽度，颧骨附近的头发保持平直，下巴部分创造丰盈的感觉。

（2）棱角型的脸型——方形。

脸型特征：方形下颚线，两颊成直线。

发型建议：不对称的风格，几何型修剪，强调角度；在头部的上方加高，拉长脸型；建议发线偏分或增加刘海；两颊边的头发应丰厚，强调脸颊。

（3）棱角型的脸型——长方形。

脸型特征：长脸，方形下颚。

发型建议：强调角度，尝试不对称风格，几何型修剪；以刘海或偏分发型缩短脸型；两颊头发要丰厚以强调脸颊；头部上方不要加高或加厚。

---

① 杨红霞. 旅游服务礼仪［M］. 北京：清华大学出版社，2015.
② 普瑟，张玲. 穿出影响力 女性职场形象书［M］. 北京：中国纺织出版社，2010.

（4）棱角的脸型——三角形。

脸型特征：窄下巴、突出的颧骨、宽额头。

发型建议：以有角度的发型强调脸颊，使用偏分或刘海使前额变窄，两颊旁的头发保持平直，下颚处的头发加厚。

（5）曲线型的脸型——圆形。

脸型特征：柔和的下颚线、柔和的两颊、颧骨不明显或完全看不出来颧骨。

发型建议：以柔和的发型强调曲线感；以加长的发型平衡领口和脸部比例；头发上方加厚；把头发拉到两颊，让脸蛋变窄；添加不对称的重点设计。

（6）曲线的脸型——心形。

脸型特征：前额宽，下巴窄。

发型建议：强调柔和性与曲线感；使用偏分以柔和、窄化前额；将头发拉到两颊处，使两颊变窄；头发的长度要够，才能使下颚线变得比较柔和。

（7）曲线型的脸型——梨形。

脸型特征：额头较窄、脸颊饱满、下颚线条宽阔。

发型建议：强调柔和的线条；发型就在额头部分做得饱满、有分量感，以此来平衡下颚的宽度；将部分头发遮在脸颊两侧，让两颊看起来窄一点；头发最好能稍长一点，留至下颚两侧，使下颚线条更柔和。

（8）曲线型的脸型——椭圆形。

脸型特征：下颚线柔和、两颊不明显、前额发线呈圆形。

发型建议：运用柔和的风格、添加些微妙的角度制造趣味感；按个人情况锁定一款又适合又好打理的发型。

2. 根据其他因素

（1）年龄：年龄越大头发要渐短。分界线一般在40岁前后。

（2）身型：身高越高头发可越长，越矮头发宜越短，否则不合比例。

（3）气质：偏女人味的宜烫发；越干练率直中性的人宜直发。

（4）职业：职业较休闲的可选择复杂的发型，工作较忙的要选择易打理的发型。

3. 按"脸型与发型反向互补"法则锁定适合的发型区

4. 按个人情况锁定一款又适合又好打理的发型

5. 建立"个人发型参考档案"

6. 带着图片找发型师，直到做出满意的发型为止

（三）发质的保养

维持头发表面的光泽与弹性，修护染、烫、过度吹整造成的损害。

常见头发问题有头皮屑、掉发、分叉等。其原因一是皮肤病、细菌感染、内分泌失调、头皮不健康、遗传、长期绑紧头发、不正确的洗吹染烫等。二是熬夜、压力、作息变

化、饮食不当、使用不适合的美发产品等引起头皮角质细胞不正常代谢。三是不正确的吹染烫或刷发等导致毛发中纤维与纤维间互相依附的间充物质流失。

　　针对上述原因可以采取的对策有适度按摩；调整作息；调整饮食，即少油腻、少甜食，多补充维生素 A、维生素 B2、维生素 B6；使用含硫黄质产品或治疗头皮屑专用产品。

【动感小课堂】

　　简单发型做法：①多功能笔髻；②一簪定长髻；③侧拉垂发；④花立中间髻。

【核心小结】

　　熟练掌握化妆技巧和发型设计技巧。

美丽女性·礼仪素养

体态礼仪

【学习目标】

◎掌握站姿礼仪。

◎掌握坐姿礼仪。

◎掌握走姿礼仪。

◎掌握蹲姿礼仪。

【课程导入】

利用课余时间到街市、学校饭堂、校道和课室观察路人的坐、立、行姿势，说说他们的姿势给人什么样的感受，思考当代女大学生应该有怎样的体态礼仪。

请几位同学展示平常坐、立、行、蹲等姿势。

一、仪态

仪态，指人的姿态、举止和风度，即一个人的表情、行为、动作，也包括人的体态语言。它反映一个人的性格、心理、感情、素养和气质。个人的礼仪修养正是通过一举一动表现出来的。

一个人即使有出众的姿色、时髦的衣着，但如果没有相应的行为美，就破坏了自己的形象。我们的姿态举止应该体现出秀雅合适的行为美。

行为美具体表现出来就是：要站有站相、坐有坐相、行有行相；要率直而不鲁莽，活泼而不轻佻；工作时紧张而不失措，休息时轻松而不懒散，与宾客接触时有礼而不自卑。

一个人的气质、风度及其礼仪教养不能仅靠高档的服饰装扮，更不是靠人们的吹捧，而是在一言一行中自然体现出来的。

最容易表现体态特征的是人站立时的姿态。社交场合中的站姿，要求做到"站有站相"，注意站姿的优美和典雅。女性站立时的姿态应是亭亭玉立，文静优雅的。

二、站姿[1]

正确的站立姿势应是：端正、庄重，具有稳定性。站立时的人，从正面看去，鼻子与地面呈垂直状，身体两侧在垂直线上对称，表情自然明朗。

（一）标准站姿

标准的站姿表现为：①头正；②肩平；③臂垂；④躯挺；⑤腿并；⑥身体重心主要支撑于脚掌、脚弓上；⑦从侧面看，头部肩部、上身与下肢在一条垂直线上；⑧右手搭在左手上叠放于体前。⑨双脚呈"V"形，平行分开不超过肩宽，或双脚呈小"丁"字形站立。

（二）注意防止不雅站姿

1. 上身

歪着脖子、高低肩、弓背、挺着腹、撅臀或身体依靠其他物体等。

2. 手脚

两腿弯曲且叉开很大、双手叉腰、双臂抱在胸前、两手插在口袋等。

3. 动作

搔头抓痒，摆弄衣带、发辫、咬指甲等。

【动感小课堂】

站姿礼仪训练：①两人背靠背；②头顶书本。

三、坐姿

坐姿是人际交往中最重要的人体姿态，它反映的信息非常丰富。优美的坐姿是端正、优雅、自然、大方。

（一）坐姿标准

入座时，要走到座位前面再转身，然后右脚向后退半步，再轻稳地坐下，收右脚。

入座后，上体自然坐直，双肩平正放松，立腰、挺胸，两手放在双膝上或两手交叉半握拳放在腿上，亦可两臂微屈，掌心向下，放在桌上。两腿自然弯曲，双脚平落地上，女士双膝必须靠紧，两脚平行，臀部坐在椅子的中央。双目平视，嘴唇微闭，微收下颌，面带笑容。起立时，右脚向后退半步，而后直立站起，收右脚。

坐姿双手位自然叠放在支撑物上，膝盖离手指 10~15 厘米。

（二）坐姿注意事项

（1）坐时不可前倾后仰，或歪歪扭扭。

（2）双腿不可过于叉开，或长长地伸出。

---

[1] 李振杰，陈彦宏. 我的未来我做主 大学生就业与创业指导 [M]. 厦门：厦门大学出版社，2014.

（3）坐下后不可随意挪动椅子。

（4）不可将大腿并拢，小腿分开，或双手放于臀部下面。

（5）不要翘"二郎腿"。

（6）腿、脚不能不停抖动。

（7）不要猛坐猛起。

（三）坐姿训练七步法

（1）站在椅子的左边或右边；

（2）迈第一步；

（3）迈第二步；

（4）双脚并拢；

（5）整理；

（6）坐下；

（7）双脚并拢（左右均可），双手右手压左手（从膝盖到手指10~15厘米）。

四、走姿

行走是人生活中的主要动作。走姿最能体现出一个人的精神面貌。

在生活中有的人精心打扮穿着入时，如果走姿不美，就会逊色三分；而有的人尽管服装样式简单，优美的走姿也能使他气度不凡。

（一）走姿的标准

标准的走姿要求行走时上身挺直，双肩平稳，目光平视，下颌微收，面带微笑；手臂伸直放松，手指自然弯曲，摆动时，以肩关节为轴，上臂带动前臂，向前、后自然摆动；身体稍向前倾，提髋屈大腿，带动小腿向前迈。

正确的走姿要求：①头正；②肩平；③躯挺；④步位直；⑤步幅适度；⑥步速平稳。

（二）注意矫正不雅的走姿

（1）内八字和外八字。

（2）弯腰驼背，歪肩晃膀。

（3）走路时大甩手，扭腰摆臀，大摇大摆，左顾右盼。

（4）双腿过于弯曲或走曲线。

（5）步子太大或太小；不要脚蹭地面、双手插在裤兜或后脚拖在地面上行走。

（6）男士的走姿一步一挪，或像闲人一样八字步迈开，那会给人以萎靡不振的感觉。

五、蹲姿

（一）蹲姿标准

1. 交叉式蹲姿

下蹲时，右脚在前，左脚在后，右小腿基本垂直于地面，全脚着地，左腿在后与右腿交叉重叠，左膝由后面伸向右侧，左脚跟抬起，脚掌着地，两腿前后靠紧，合力支撑身体。臀部向下，上身稍前倾。

2. 高低式蹲姿

下蹲时左脚在前，右脚稍后，两腿靠紧往下蹲。左脚全脚着地，小腿基本垂直于地面，右脚脚跟提起，脚掌着地。右膝低于左膝，右膝内侧靠于左小腿内侧，形成左膝高右膝低的姿势，臀部向下，基本上靠一只腿支撑身体。

（二）蹲姿注意事项

下蹲时一定要注意不要有弯腰、臀部向后撅起的动作；切忌两腿叉开，两腿展开平衡下蹲，以及下蹲时，避免露出内衣裤等不雅的动作，以免影响你的姿态美。因此，当要捡起落在地上的东西或拿取低处物品的时候，不可有只弯上身、翘臀部的动作，而是首先走到要捡或拿的东西旁边，再使用正确的蹲姿，将东西拿起。

【延伸阅读】

列宁让路

有一次，列宁下楼，在楼梯狭窄的过道上，正碰见一个女工端着一盆水上楼。那女工一看是列宁，就要给列宁让路，准备自己退回去。列宁阻止她说："不必这样，你端着东西走了半截，而我现在空着手，请你先过去吧！"他把"请"字说得很响亮，很亲切。然后自己紧靠着墙，让女工上楼了，他才下楼。列宁毫无疑问是一位伟人，但他却不因自己地位的高贵而无礼，这更显出了他伟大的品质。

"委屈奖"的来历

上海公交22路车售票员柯莉萍，曾获得一个很特殊的奖项——"委屈奖"。一天，一名男青年买车票时，故意将一口痰吐在一张伍角纸币上，又扔在车厢的地上。其他乘客在指责男青年的同时，也悄悄地注视着柯莉萍。只见她弯下腰拾起纸币，用餐巾擦去痰沫，随后又礼貌地向男青年递上车票。柯莉萍的行为受到了乘客的赞扬，男青年更是自感惭愧，向柯莉萍道了歉。事后，同事向车队汇报了此事，车队领导于是向柯莉萍特别颁发了"委屈奖"，以鼓励全队的售票员。

【核心小结】

仪态举止，有标准，但是礼贵本真——自然、端庄、不做作、真诚，哪怕不符合标准，但是要传达真诚与尊重。

美丽女性·礼仪素养

社交礼仪

【学习目标】

◎掌握致意与问候、介绍内容、握手、交换名片等社交礼仪的知识要点。

【课程导入】[①]

人们是否愿意成为朋友或什么时候可能成为朋友，按照信纳德·佐宁博士在《交际》一书中的观点，陌生人之间接触的头四分钟是至关重要的。他在书中说："当你在社交场合中遇到陌生人，你应把注意力集中在他身上四分钟。很多人的生活将因此而改变。"

你可以注意到，一般人并不专心致志地注意自己刚认识的人，他不断地东张西望，似乎在寻找更加有趣的人。如果谁这样对待你，你一定不会喜欢他。

当我们被介绍给新朋友时，我们应当尽量显得友好和自信。"一般来说，人们喜欢喜爱自己的人。"

另外，我们不能让别人认为我们很自负，对别人显示出兴趣或表示同情是很重要的。要知道别人也有自己的需要、恐惧和希望。

听到上述劝告，你或许会说，我不是一个天性友好或自信的人，这样做诚实吗？

佐宁博士认为，只要实践几次，便会改变自己的社交方式了。只要我们想改变自己的性格，我们终究会习惯的，这就像买了一辆新车，起先你可能觉得不熟悉，但是它总比旧的好。

是否说，天性不善友好和自持的人，表现出友好或自信是一种不诚实的行为呢？佐宁博士说："或许吧，'完全的诚实'对于社交关系来说往往并不合适，特别是在相互接触的头几分钟，这时可能有各种各样的表现，但是适当的表演，在和陌生人的交际中是最好的一种方式。这时不是抱怨自己的健康问题或找别人的缺点的时候，这也不是彻底地把自己的观点和印象和盘托出的时候。"

一、交流礼仪

礼仪是尊重自己和尊重别人的表现形式，进一步说，礼仪其实就是交往艺术，就是待

---

① 何鑫. 如何与陌生人打交道 与陌生人交往的 42 条心理学原理 [M]. 北京：企业管理出版社，2010.

人接物之道。

（一）使用称呼就高不就低

在商务交往中，尤其应注意使用称呼就高不就低。例如，某人在介绍一位教授时会说："这是××大学的××老师。"学生尊称自己的导师为老师，同行之间也可以互称老师，所以有这方面经验的人在介绍他人时往往会用受人尊敬的衔称，这就是"就高不就低"。

（二）入乡随俗

一般情况，也许你会习惯性地问："是青岛人还是济南人？"但是，当你人在济南时，就应该问："济南人还是青岛人？"这也是你对当地人的尊重。当你到其他公司拜访时，不能说主人的东西不好，所谓客不责主，这也是常识。

（三）摆正位置

在人际交往中，要摆正自己和别人的位置。很多人之所以在人际交往中出现问题，关键一点就是没有摆正自己的位置，也就是说，在人际交往中下级要像下级，上级要像上级，同事要像同事，客户要像客户。摆正位置才有端正态度可言，这是交往时的基本命题。

（四）以对方为中心

在商务交往过程中，务必要记住以对方为中心，放弃自我中心论。例如，当你请客户吃饭的时候，应该首先征求客户的意见，他爱吃什么，不爱吃什么，不能凭自己的喜好，主观地为客人订餐，这就叫摆正位置。如果你的客户善于表达，你可以夸他说话生动形象、很幽默，或者又有理论又有实践，但你不能说"你真贫，我们都被你吹晕了"。

交往以对方为中心，商务交往强调客户是上帝，客户感觉好才是真好。尊重自己尊重别人，恰到好处地表现出来，就能妥善地处理好人际关系。

（五）礼貌忌语

礼貌忌语是指不礼貌的语言，或他人忌讳的语言，或会引起他人误解、不快的语言。

不礼貌的语言，如粗话脏话，是语言中的垃圾，必须坚决清除。

他人忌讳的语言是指他人不愿听的语言，交谈中要注意避免使用。如谈到某人死了，可用"病故""走了"等委婉的语言来表达。港、澳、台同胞忌说不吉利的话，喜欢讨口彩，特别是香港人有喜"8"厌"4"的习惯，因香港人大都讲广东话，而广东话中"8"与"发"谐音，"4"与"死"同音。因此，在遇到非说"4"不可时，应用"两双"来代替。逢年过节时，不能说"新年快乐"或"节日快乐"，而用"新年愉快""节日愉快"或"恭喜发财"代之。这也是谐音的关系，因为"快乐"与"快落"听起来很相似。

容易引起误解和不快的语言也要注意回避。在议论其长相时，可把"肥胖"改说成"丰满"或"福相"，"瘦"则用"苗条"或"清秀"代之。参加婚礼时，应祝新婚夫妇白头偕老。在探望病人时，应说些宽慰的话，如"你的精神不错""你的气色比前几天好多了"等。在日常生活中，如遇到矛盾冲突时，应冷静处置，不用指责的语言，多用谅解的语言。

（六）恰当称呼与不当称呼

交流礼仪中恰当称呼与不当称呼见表1。

表1　交流礼仪中恰当称呼与不当称呼

恰当称呼		不当称呼	
泛尊称	先生、小姐、女士	无称呼	在商务活动中不称呼对方，就直接开始谈话是非常失礼的行为
职业＋泛尊称	护士小姐、司机先生	不雅绰号	如阿毛、牛皮糖等
职衔称谓	只称职务，如董事长	不当简称	比如付总，光听发音，是副的老总还是姓付的老总？正式场合应用全称，以显庄重得体
	职务前加上姓氏，如李主任		
	职务前加上姓名，如 ×××总经理		
职业称谓	在职业前加上姓氏，如李助理	地方性称呼	地方色彩强的称呼，如北京人爱称人为师傅，山东人爱称人为伙计。但是，有些北方的称呼在南方人有贬低身份之意
	职业前加上姓名，如张焰医生、王明律师		
称呼姓名	直呼其名，如王援丽	不当俗称	兄弟、哥们儿、王姐等，看似随意亲切，但在正式场合显得俗气、缺乏修养
	只呼其姓，在姓前加上"老、大、小"等前缀		
	只称其名，不呼其姓，如援丽		

【延伸阅读】

"会"说话

大作家夏衍老人临终前感到身体十分难受，秘书就说："我去叫大夫。"不料老人极其困难地说了一句："不是'叫'，是'请'。"

公共汽车上，一中年妇女提着鱼上车，蹭脏了中学生小刚的新衣服。中年妇女："衣服脏了没关系，回家洗洗就行了。"小刚笑了："阿姨，我该说的话都让您说了。我只有说'对不起了！'"众人向小刚投来赞许的目光，中年妇女被这幽默的批评羞红了脸。

二、介绍礼仪

【动感小课堂】

一天，小王陪新同学小张来找黄院长，但是小王遇到了一个难题，他不知道应该先介绍谁，应该是把黄院长介绍给小张呢，还是把小张介绍给黄院长？你能帮帮他吗？

（一）自我介绍

自我介绍的内容要求简洁，内容是：姓名、工作单位。

自我介绍时，要给对方一个自我介绍的机会。

在自我介绍中，表情、态度、姿态要自然大方，表现出友好、自信和善解人意。主动作自我介绍的一方，对对方谈的一切都要表示出耐心和兴趣。

（二）介绍他人

介绍他人时，正确的介绍顺序是：晚辈和长辈——将晚辈介绍给长辈；下级和上级——把下级介绍给上级；女士和男士——把男士介绍给女士；个人和群体——先介绍个人给大家，再把群体逐一由职位高到低进行介绍；主人和客人——把主人介绍给客人。

介绍人作介绍时，应采用符合国际惯例的敬语。介绍的内容是姓名、职务、工作等最简单的情况。

被介绍者应面向对方站立，以表示出结识对方的诚意。除女士和长者之外，介绍时，一般均应站立，但在宴会、会谈进行中不必起立，被介绍人只要面带微笑欠身致意即可。被介绍者在介绍人介绍完毕后，应面带微笑。

【动感小课堂】

自我介绍：在不妨碍他人工作和交际的情况下进行，在无人引进的情况下进行。

介绍的内容：单位名称、职位、姓名。

给对方一个自我介绍的机会。

三、交换名片

【动感小课堂】

在与人交往的时候常常会交换名片，请问该如何交换？

假如你在晚宴上遇到了某专家，你希望认识他并获得他的名片，你会怎么做？请邀请一位同学上台表演。

假如，在晚宴上有位先生希望获得你的名片，而你不想给他，你该怎么办？五分钟后，一小姐向你索要名片，你想给她名片，你又该怎么做？请邀请两位同事上台表演。

1. 给名片

递名片时要再口头介绍一遍，特别是名字里有多音字或疑难字时。

要点：双手递，文字那一面面向对方。

2. 接名片

要点：起立、双手接、态度恭敬、口头回应、当着对方读一遍。

名片收入西装内口袋、名片夹或桌面。

3. 注意事项

名片如脸面，不能褶皱；名片应放在固定位置；客先主后，身份低者先、高者后；换名片换的是相互尊重。

四、握手礼仪

（一）握手的基本规则

男士、晚辈、学生、下级、客人见到女士、长辈、老师、上级、主人时，应当先行问候，待后者伸出手来之后，再趋前握手。

（二）握手的具体方式

会面的双方各自伸出自己的右手，手掌呈垂直状态，然后五指并用，稍许一握。礼节性地握手，时间以 3 秒钟左右为宜。

（三）握手时的姿态

双方握手时需眼睛注视对方，面带微笑，自然大方，腰板挺直。只有同长者、身份较高者握手时，上身才略为前倾，头要微低一些，或双手捧接握手。一般情况下，只需用一只手握手。

（四）握手的禁忌

男士戴着帽子和手套同他人握手。

衣冠不整，手指肮脏与他人握手。

男士、晚辈、下级主动与女士、长辈、上级握手。

男士在与女士握手时，时间过长，用力过大。

用左手去同他人握手（除非右手已经受伤或者太脏了无法使用）。在特殊情况下，与他人用左手握手应当解释说明并道歉。

在社会交际场台，握手一定要讲究顺序，一般不要越过其他人正在相握的手去同另外一个握手。

握手时目光它顾。

五、问候的礼节

问候的表情应当和蔼可亲，面带微笑，姿态应当自然大方。

对于出自善意的任何问候，都应礼貌地给予回答，而不应当毫无表示。

在问候时，"你"和"您"两个字的用法。一般情况下，问候"你好"，表示两种含义：一是同对方的关系亲密而友好；二是交流双方的地位和身份是大体相等或相似的。而问候"您好"，则表示如下两种含义：一是同对方的关系一般；二是交流双方的地位和身份是不相等的。

六、致意的礼节①

（一）致意的基本规则

男士应当首先向女士致意，年轻者应当首先向年长者致意，学生应当首先向老师致意，下级应当首先向上级致意。

（二）招手

招手通常适用于与自己的空间距离较远的人们打招呼，但需要用语言来进行表达。招手的正确方法是：伸出右手，右胳臂伸直高举，掌心朝着对方，轻轻摆一下手即可。

（三）点头

点头作为致意的一种方式，它适用的场合是：需要肃静的公共场合，如图书馆、音乐厅、医院、教学楼和某些特定的社交场合。

点头致意的正确做法是：面向对方，面部表情自然、大方，头部向下微微一动即可。

（四）微笑

微笑即面带笑容，不显著、不出声地笑。微笑作为致意的方式，可用于在社交场合中与不相识者见面时，也可以用于在同一场合反复见面的朋友。

（五）鼓掌

鼓掌作为致意的一种礼节，表示赞许或向别人祝贺。鼓掌的正确方法是：一般两臂抬起，手掌放在齐胸高的位置，张开左掌，用合拢的右手四指（拇指除外）轻拍左手手掌中部。节奏要平稳、频率要一致。鼓掌时，姿态要端正，在正式社交场合最好再伴以微笑。

（六）欠身

欠身作为致意的一种方式，是向别人表示自谦的礼貌举止，相当于向对方致敬。欠身的具体做法是：身体自然挺直，稍向前倾，但不一定低头，两眼仍可直视前方。

【延伸阅读】②

女士优先礼仪

1. 女士优先原则体现在行路方面

男士同女士一起走，走路如果不是并肩而行的话一般原则是让女士走在前面，男士走在后面，特别是进出房间的时候。只有遇到障碍需要男士去排除的时候例外。

上楼梯时应男先女后，下楼梯时则恰恰相反，女士应当走在前面。

在与女士一起行路时，男士为女士服务是义不容辞的。

---

① 王春林. 旅游职业礼仪规范与训练［M］. 上海：华东理工大学出版社，2010.
② 中共山东省委对外宣传办公室. 涉外文明礼仪简明读本［M］. 济南：山东人民出版社，2007.

2. 女士优先原则体现在乘车方面

陪伴女士乘坐公共汽车或火车时，男士应当先登车，设法为女士找一个座位，然后再替自己寻找尽可能靠近她的座位。如果找不到，则应当站在附近，以便照顾。

在公共汽车或火车上，男士应该给没有座位的女士让座。

陪伴女乘坐出租车时，男士应当首先走近后门将右侧后门拉开，助女士先坐进去；到达目的地下车时，男士应当首先下车，为女士拉开车门，协助其下车。

3. 女士优先原则体现在社交聚会方面

参加社交聚会，男宾见到主人时，应先向女主人问好。

女士到时，先到达的男士都应当起立迎接。男士不能坐着同站立的女士交谈，与陌生的女士交谈要有分寸。

在参加社交宴请、吃饭时，上菜敬酒先女后男。

人们在相互介绍时，应先向女士引见男士。即便向自己父母引见友人，也同样遵循"女士优先"原则，先向母亲引见。

朋友相见，握手顺序是先长后幼、先女后男；两对夫妇相逢时，两位女士先打招呼，然后两对男士分别向对方妻子致意，最后才是两位男子相互致意。

4. 女士优先原则体现在餐饮方面

男女在餐馆约会时，男士不应迟到，而且要走在前面为女士开门，并征得她同意选择好餐桌。

与女士一同进餐时，男士应协助身旁的女士就座、叫菜，与服务员打交道等均由男士负责。

用餐完毕，男士应先行一步，为女士打开门。

七、社交场合的八个不要①

所谓社交的禁忌就是随时要注意自己的风度与仪态。任何有失风度、有粗俗仪态的女人都不属淑女的行列。一个人外观造型上可人，可能会因为在公共场合大声喧哗，就被归入缺乏教养的行列。

淑女要在各种社交场合上给人留下美好印象，断不可以不注意风度与仪态。以下列举了社交场合切忌出现的八种表现，要在别人心目中留下倩影的你，必须谨记。

（一）不要耳语

淑女要在各种社交场合上给人留下美好印象，断不可以不注意谈话方式，不可耳语，以免给人留下不好的印象。

---

① 丛书编委会. 魅力女人大全集 超值典藏版大全集 ［M］. 长春：吉林出版集团有限责任公司，2012.

（二）不要失声大笑

另一个令人觉得你没有教养的行为就是失声大笑。不管你听到什么有趣的事，在社交宴会中，也得保持仪态，顶多报以一个灿烂笑容即止，不然就要贻笑大方了。

（三）不要滔滔不绝

在宴会中若有男士与你攀谈，你必须保持落落大方的态度，简单回答几句即可。切忌忙不迭地像汇报工作一样滔滔不绝，以免对方很讨厌这样的交谈。

（四）不要说长道短

饶舌的人肯定不是有风度有教养的人，即使你穿得珠光宝气，雍容华贵，若在社交场合说长道短、揭人隐私，必定会惹人反感。再者，这种场合的"听众"虽是陌生人居多，但所谓"坏事传千里"，只怕你不礼貌、不道德的形象从此传扬开去，别人自然对你"敬而远之"。

（五）不要大煞风景

参加社交宴会，别人期望见到一张张可爱的笑脸。因此，你内心纵然有什么悲伤，或情绪低落，表面上无论如何都应装出笑容可掬的亲切态度，去适应当时的环境。

（六）不要木讷肃然

在社交场合中滔滔不绝、谈个不休固然不好，但面对陌生人就一言不发也是不好。其实，面对初相识的陌生人，也可以由交谈几句无关紧要的话开始，待引起对方和自己谈话的兴趣时，便可自然地谈笑风生。若老坐着闭口不语，一脸肃穆的表情，跟欢愉的宴会气氛是格格不入的。

（七）不要在众目下补妆

在大庭广众下扑施脂粉、涂口红都是很不礼貌的事。要是你需要修补脸上的妆容，必须到洗手间或附近的化妆间去。

（八）不要忸怩忐忑

在社交场合，假如发觉有人经常注视你，你也要表现得从容镇静。若对方是跟你有过一面之缘的人，你可以自然地跟他打个招呼，但不可过分热情或过分冷淡，免得影响风度。若对方跟你素未谋面，你也不要太过于忸怩忐忑或怒视对方，你可以有技巧地离开他的视线范围即可。

以上所谈的这些都应算作社交中的禁忌，其实还能列举出许多来。其实，无论什么禁忌都是在时刻提醒你该如何做，不该如何做。只要你能理性、智慧地去对待社交中的一些事，哪怕是一些微不足道的小事，你便能自然地流露出淑女的魅力和风度来。

【延伸阅读】

问路礼仪

牛皋向一位老者问路，他在马路上吼道："哎，老头儿！爷问你，农场怎么走?"老人说："往前走 1500 丈"。牛皋奇怪地说："怎么是丈不是里呢?"老人说："我们这儿说丈不说理。"牛皋红着脸走了。过了一会儿，岳飞也来到这里，他先下马，然后上前施礼："请问老丈，方才可曾见一个骑黑马的? 他往哪条路上去了?"老人见岳飞颇有礼貌，便耐心地给他指路。这正如俗话所说"礼到人心暖，无礼讨人嫌"。

仅仅因为一口痰吗

这是一场艰难的谈判。

一天下来，美国约瑟先生对于对手——中国某医疗机械的范厂长，既恼火又钦佩。这个范厂长对即将引进的"大输液管"生产线行情非常熟悉。不仅对设备的技术指数要求高，而且价格压得很低。在中国，约瑟似乎没有遇到过这样难缠而有实力的谈判对手。他断定，今后和务实的范厂长合作，事业是能顺利的。

于是信服地接受了范厂长那个偏低的报价。双方约定第二天正式签订协议。天色尚早，范厂长邀请约瑟到车间看一看。车间井然有序，约瑟边看边赞许地点头。走着走着，突然，范厂长觉得嗓子里有条小虫在爬，不由得咳了一声，便急急地向车间一角奔去。约瑟诧异地盯着范厂长，只见他在墙角吐了一口痰，然后用鞋底擦了擦，油漆的地面留下了一片痰渍。约瑟快步走出车间，不顾范厂长的竭力挽留，坚决要回宾馆。

第二天一早，翻译敲开范厂长的门，递给他一封约瑟的信："尊敬的范先生，我十分钦佩您的才智与精明，但车间里你吐痰的一幕使我一夜难眠。恕我直言，一个厂长的卫生习惯，可以反映一个工厂的管理素质。况且，我们今后生产的是用来治病的输液管。贵国有句谚语：人命关天！请原谅我的不辞而别，否则，上帝会惩罚我的……"

范厂长觉得头"轰"的一声，像要炸了。

【核心小结】

社交礼仪让你的成为更有修养和受欢迎的人。

美丽女性·礼仪素养

餐桌礼仪

【学习目标】

◎掌握中餐用餐礼仪、西餐用餐礼仪。

一、中国餐桌礼仪

现代较为流行的中餐宴饮礼仪是在继承传统与参考国外礼仪的基础上发展而来的。其座次借西方宴会以右为上的法则，第一主宾就座于主人右侧，第二主宾在主人左侧或第一主宾右侧，变通处理，斟酒上菜由宾客右侧进行，先主宾，后主人，先女宾，后男宾。酒斟八分，不可过满。上菜顺序依然保持传统，先冷后热。热菜应从主宾对面席位的左侧上；上单份菜或配菜席点和小吃时先宾后主，上全鸡、全鸭、全鱼等整形菜时，不能头尾朝向正主位。这些程序不仅可以使整个宴饮过程和谐有序，更使主客身份和情感得以体现和交流。因此，餐桌之上的礼仪可使宴饮活动圆满周全，使主客双方的修养得到全面展示。

家宴，也就是在家里举行的宴会。相对于正式宴会而言，家宴最重要的是要制造亲切、友好、自然的气氛，使赴宴的宾主双方轻松、自然、随意，彼此增进交流，加深了解，促进信任。

通常，家宴在礼仪上往往不作特殊要求。为了使来宾感受到主人的重视和友好，基本上要由女主人亲自下厨烹饪，男主人充当服务员（或男主人下厨，女主人充当服务员），共同招待客人，使客人产生宾至如归的感觉。

如果要参加宴会，那么你就需要注意，首先必须把自己打扮得整齐大方，这是对别人也是对自己的尊重。

还要按主人邀请的时间准时赴宴。除酒会外，一般宴会都请客人提前半小时到达。如因故在宴会开始前几分钟到达，不算失礼。但迟到就显得对主人不够尊敬，非常失礼了。

当走进主人家或宴会厅时，应首先跟主人打招呼。同时，对其他客人，不管认不认识，都要微笑点头示意或握手问好；对长者要主动起立，让座问安；对女宾举止庄重，彬彬有礼。

入席时，自己的座位应听从主人或招待人员的安排，因为有的宴会主人早就安排好了。如果座位没定，应注意正对门口的座位是上座，背对门的座位是下座。应让身份高者、年长者及女士先入座，自己再找适当的座位坐下。入座后坐姿端正，脚踏在本人座位下，不要任意伸直或两腿不停摇晃，手肘不得靠桌沿，或将手放在邻座椅背上。入座后，不要旁若无人，也不要眼睛直盯盘中菜肴，显出迫不及待的样子。可以和同席客人简单交谈。

用餐时应该着正装，不要脱外衣，更不要中途脱外衣。一般是主人示意开始后再用餐。就餐的动作要文雅，夹菜动作要轻，而且要把菜先放到自己的小盘里，然后再用筷子夹起放进嘴。送食物进嘴时，要小口进食，两肘向外靠，不要向两边张开，以免碰到邻座。不要在吃饭喝饮料、喝汤发出声响。用餐时，如要用摆在同桌其他客人面前的调味品，先向别人打个招呼再拿；如果太远，要客气地请人代劳。如在用餐时非得剔牙，要用左手或手帕遮掩，右手用牙签轻轻剔牙。

喝酒的时候，一味地给别人劝酒、灌酒，吆五喝六，特别是给不胜酒力的人劝酒、灌酒，都是失礼的表现。

如果宴会没有结束，但你已用好餐，不要随意离席，要等主人和主宾餐毕先起身离席，其他客人才能依次离席。

【延伸阅读】

中国古代餐桌礼仪

餐饮礼仪可谓源远流长。据文献记载，至少在周代，饮食礼仪已形成一套相当完善的制度，特别是经曾任鲁国祭酒的孔子的称赞推崇而成为历朝历代表现大国之貌、礼仪之邦、文明之所的重要方面。

作为汉族传统的古代宴饮礼仪，自有一套程序：主人折束相邀，临时迎客于门外。宾客到时，互致问候，引入客厅小坐，敬以茶点。客齐后导客入席，以左为上，视为首席，相对首座为二座，首座之下为三座，二座之下为四座。客人坐定，由主人敬酒让菜，客人以礼相谢。席间斟酒上菜也有一定的讲究：应先敬长者和主宾，最后才是主人。宴饮结束，引导客人入客厅小坐，上茶，直到辞别。这种传统宴饮礼仪在我国大部分地区保留完整，如山东、香港及台湾，许多影视作品中多有体现。

清代受西餐传入的影响，一些西餐礼仪也被引进。如分菜、上汤、进酒等方式也因合理卫生的食法被引入中餐礼仪中。中西餐饮食文化的交流，使得餐饮礼仪更加科学合理。

二、中国餐桌礼仪总结①

第一，入座的礼仪。先请客人入座上席（面门为上、已右为上、居中为上、以远为上、前排为上、以内为上），再请长者入座，客人依次入座，入座时要从椅子左边进入，

---

① 杜海忆，鄢向荣. 人际关系与通用礼仪［M］. 天津：天津大学出版社，2011.

入座后不要动筷子，更不要弄出什么响声来，也不要起身走动，如果有什么事要向主人打招呼。

第二，进餐时，先请客人、长者动筷子，夹菜时每次少一些，离自己远的菜就少吃一些，吃饭时不要发出声音，喝汤时也不要出声响，喝汤用汤匙一小口一小口地喝，不宜把碗端到嘴边喝，汤太热时凉了以后再喝，不要一边吹一边喝，有的人吃饭喜欢使劲咀嚼食物，发出很清晰的声音来，这种做法是不合礼仪要求的，特别是和众人一起进餐时，就要尽量防止出现这种现象。

第三，进餐时不要打嗝，也不要出现其他声音，如果出现打喷嚏、肠鸣等不受控制的声响时，就要说一声"真不好意思、对不起、请原谅"之类的话，以示歉意。

第四，如果要给客人或长辈布菜，最好用公筷，也可以把离客人或长辈远的菜肴送到他们跟前，按我们中华民族的习惯，菜是一个一个往上端的，如果同桌有领导，老人，客人的话，每当上来一个新菜时就请他们先动筷子，或者轮流请他们先动筷子，以表示对他们的重视。

第五，吃到鱼头、鱼刺、骨头等物时，不要往外面吐，也不要往地上扔，要慢慢用手拿到自己的碟子里，或放在紧靠自己餐桌边或放在事先准备好的纸上。

第六，要适时地抽空和左右的人聊几句风趣的话，以调和气氛，不要光着头吃饭，不管别人，也不要狼吞虎咽地大吃一顿，更不要贪杯。

第七，最好不要在餐桌上剔牙，如果要剔牙，就要用餐巾或手挡住自己的嘴巴。

第八，要明确此次进餐的主要任务，是以谈生意、联络感情为主，还是以吃饭为主。如果是前者，在安排座位时就要注意，把主要谈判人的座位相互靠近，便于交谈或疏通情感；如果是后者，只需要注意一下常识性的礼节就行了，把重点放在欣赏菜肴上。

第九，最后离席时，必须向主人表示感谢，或者就此邀请主人以后到自己家做客，以示回敬。

三、西餐基本礼仪

（一）入座

进入西餐厅后，由服务生带领入座，不可贸然入位。男士或服务生可帮女士拉开椅子协助入座，一般由椅子左侧入座。座位的安排于离出口最远的位置为上位。

（二）餐具的摆设

摆在中央的称为摆饰盘或展示盘，餐巾置于装饰盘的上面或左侧。

盘子右边旁摆刀、汤匙，左边摆叉子。可依用餐顺序、前菜、汤、料理、鱼料理、肉料理等，视你所需而由外侧至内使用。

玻璃杯摆右上角，最大的是装水用的高脚杯，次大的是装红葡萄酒所用的，而细长的玻璃杯是装白葡萄酒所用的，视情况也会摆上香槟或雪莉酒所用的玻璃杯。

面包盘和奶油刀置于左手边，装饰盘对面则放咖啡或吃点心所用的小汤匙和刀叉。

（三）餐巾布的位置

餐巾布通常是折叠好放在位子中间的装饰盘上，这是正式的晚宴上常见的餐巾摆法。除此之外，餐巾布也会放在盘子的边上。需要提醒大家的是，如果餐巾布不是放在盘子中间的位置，它就会在你的左边，而右边的餐巾布是属于坐在你右边的客人的，注意不要拿错其他的餐巾布。另外，有时候餐巾布是放在杯子中的，即你的餐巾布就是在右边的杯子中。

（四）餐巾布的使用方法

入座后，不要急于打开你的餐巾布，因为第一个打开餐巾布的人应该是女主人，她的这个动作宣布晚宴正式开始。

很多人认为吃西餐时应该把餐巾布挂在胸前以防止食物弄脏衣服，事实上这种做法并不优雅。餐巾布挂在胸前或围在脖子上只适用于小孩或用餐不方便的人。一般人用餐时应将餐巾布平铺在双腿上，较大的餐巾布可以对折后铺在腿上。

餐巾布也叫口布，是用来擦嘴的，所以不要用它来擦脸或擦餐具。如果需要擦汗，你可以用纸巾。有些人习惯在用餐前先擦一下餐具，事实上这是很不礼貌的行为，所以一定要避免。有些女士会用餐巾布擦掉餐具上留下的口红痕迹，其实这种做法也是不对的。虽然口红留在餐具上很不雅观，但需要擦去口红印时，应该选用纸巾。

在用餐过程中，饮用酒水之前，你需要先用餐巾布擦拭嘴边的油迹。除了必要时用来擦嘴之外，在餐桌上用餐的整个过程中你的餐巾布必须一直保持平铺在你的双腿上。

用餐期间需要中途离席时，你应该把餐巾布放在你的椅子上。这表示用餐未完毕，你还会再回来继续用餐。

用餐完毕后，把你的餐巾布从中间拿起，放在桌子上，具体位置是你盘子左边的地方。只需要随意放好就可以了，不必特意折叠好，但也要注意不要把餐巾布弄得皱巴巴的。

正如打开餐巾布一样，把餐巾布放回桌上的动作也是由女主人先做的，这表示晚宴结束。

（五）刀叉的使用方法

西餐进餐时一般以右手拿刀，左手拿叉。如果用左手拿叉不方便，也可以使用右手。

用餐中，有事而离席时，宜把刀叉摆成八字形挂放在餐盘上。用餐结束后，则是平行的斜放在盘上一侧。

（六）喝汤的礼仪

西餐的汤分为清汤及浓汤，较正式的餐厅在供应清汤时使用椭圆形汤匙及汤杯，供应浓汤时使用圆形汤匙及宽口汤盘。

拿汤匙的姿势是由内经外侧舀食。

西餐喝汤时，不能发出声音。用汤时，不可用嘴将汤吹凉。可轻轻摇动汤使其晾凉。

食用完毕后把汤匙放在靠自己身前的底盘上，或是放在盘中。将汤匙的柄放在右边，而汤匙凹陷的部分向上；汤杯与汤盘都是如此。

（七）食用面包的礼仪

面包的位置于主菜的左侧。食用时可用左手拿面包，再用右手把面包撕成小块，然后用左手拿着小面包，用右手涂抹奶油，也可以把面包撕成小块后再涂奶油。

在意大利餐厅中，有时会以橄榄油取代奶油，可将面包用手撕一小块沾加了调味料及香料的橄榄油吃。面包切忌用刀子切割。

（八）食用沙拉

色拉盘放在主菜盘的左边。

美国人通常将色拉供应于主菜前，而欧洲人如法国人，通常将色拉放于主菜后供应。

色拉用叉子吃，如菜叶太大，可用刀在色拉盘中切割，然后再用叉子吃。

（九）食用鱼、虾、海鲜

食用半只龙虾时，应左手持叉，将虾尾叉起，右手持刀，插进尾端，压住虾壳，用叉将虾肉拖出再切食。龙虾脚可用手指撕去虾壳食之。

吃鱼片以吃一片切一片为原则，可用右手持叉进食，或用鱼刀。

食用带头尾及骨头的全鱼时，宜先将头、尾切除，再去鳍，将切下的头尾鳍放在盘子一边，再吃鱼肉。

去除鱼骨，要用刀叉，不能用手。若口中有鱼骨或其他骨刺，则可用手自合拢的唇间取出放在盘子上。

全鱼吃完鱼的上层，切勿翻身，应用刀叉剥除龙骨再吃下层鱼肉。

附带的柠檬片，宜用刀叉挤汁。

食用虾、蟹时，侍应都会端上一碗洗手水。

（十）食用肉类

认识牛排的熟度。犹带血的是一分熟（rare）；里面虽然是红的，但已经温热是三分熟（medium rare）；肉里面开始慢慢变熟成粉色是五分熟（medium）；基本全熟了是七分熟（medium well）；熟透了是全熟（well-done）。

牛肉可依自己喜好的熟度点餐，但猪肉及鸡肉均为全熟供应。

切牛排应由外侧向内。一次未切下，再切一次，不能像拉锯子一样切，不要拉扯，勿发出声响，肉的大小以一口为宜。

嚼食肉时，两唇合拢，不要出声。嚼肉食勿说话或以刀叉比画。

吃肉时宜切一块吃一块，勿将肉全部一次切小块，会导致肉汁流失及温度下降。

烤鸡或炸鸡，在正式场合用刀叉吃。

（十一）食用水果和甜点

蛋糕及派、饼，用叉取食，较硬者用刀切割后，用叉取食。

冰淇淋、布丁等，用匙取食。硬饼干小块的，用手取食。

粒状水果如葡萄，可用手吃。如需吐籽，应吐于掌中再放在碟里。

多汁的水果如西瓜、柚子等，应用匙取食。

西餐在吃完水果时，常上洗手钵，所盛的水供洗手用。只用来洗手指，勿将整个手伸进去。

【动感小课堂】

以小组为单位设计一次中西餐礼仪实操活动。

【核心小结】

餐桌上的举止反映了一个人的礼仪和修养，你的事业可能会在餐桌上发展起来，也有可能在餐桌上跌落下去。

模块二 甜蜜女性

甜蜜女性·玫瑰花

爱情与择偶

【学习目标】

◎了解择偶的三个问题：爱情是什么？我该选择"他"吗？女人如何谈婚论"价"？

◎了解择偶"金科玉律"。

◎了解婚姻结合的"四种模式"，学会如何选准人、选好人。

择偶观是人们选择配偶时的看法和态度。古往今来，选择什么样的配偶，如何选择配偶，人们一直在寻求最佳模式。过去，人们注重婚姻稳定，因而在择偶时往往都有家庭长辈、父母参与其中，还要有媒人穿针引线；在近现代社会，人们则较注重婚姻质量，择偶成为当事人自己的事，主要由当事人之间权衡。可见，在不同的社会历史条件下，人们的择偶形式是存在差异的，人们的择偶观也不尽相同。

一、爱情是什么

女人如何才能拥有好的婚姻？我们要观念先行，要借助"慧眼"选好人、选对人。首先我们要搞清爱情到底是什么？

【知识广角镜】

爱情的本质

所谓爱情是一对男女基于一定的社会基础和共同的生活理想，在各自的内心形成的相互倾慕，并渴望对方成为自己终身伴侣的一种强烈、纯真、专一的感情。性爱、理想、责任是构成爱情的三个基本要素。

性爱：性爱把爱情与人世间其他的情感，如亲人之爱、朋友之情或同志之谊明显区别开来，使爱情成为特殊的"情爱"。

理想：理想赋予爱情深刻的社会内涵，是爱情生长的内在依据。爱情使两个人感情有交融，是爱她（他）和自爱的统一；一方对人品的期望会影响另一方对人品的追求，一方对行为的认同会影响另一方行为的标准，一方言谈会影响另一方心声的表露。这种人格上的相互映衬，志趣上的相互认同，就形成了双方对生活的共同理想，从而使爱情具有巨大的鼓舞力量，能够振奋人的精神，激发人的智慧，升华人的品德。

责任：责任是对性爱和理想的升华，责任也因此成为爱情得以长久的重要保障，是坚贞爱情的"试金石"。古今中外，人们所赞美的爱情无不体现着恋人间为对方"忘我"的付出。这种自愿担当的责任，丰富了爱情的内涵，提升了爱情有境界。

爱情是性爱、理想、责任三个要素构成的有机统一整体，即恋人应以志同道合为基础，有共同的价值目标、生活目标，是两情相悦的美好感情。

现实生活中，有些同学会因为寂寞谈恋爱，他们眼中的爱情就是逛街、看电影、花前月下等，这误解了爱情，爱情并不是逛街看电影，不然孟姜女哭长城只是为了等丈夫陪她逛街吗？有些同学因为看到室友都有异性朋友，为了证明自己的魅力，也得赶紧找一个，不然多没面子啊！或者有些同学担心自己会被"剩下"，就想在大学找一个心仪的对象。还有同学说"在大学里不轰轰烈烈爱一场，就会青春留下遗憾"。

上述种种错误的恋爱观使得原本"犹抱琵琶半遮面"的神秘爱情变成了"一场游戏一场梦"的爱情悲剧。

【延伸阅读】

恋爱是什么？[①]

究竟爱是什么？我怎样知道自己是不是真的爱他？哪种爱才是恒久的爱？哪种爱经不起考验？可惜，纵使你翻遍中西字典，遍访名师专家，也不会找到一个圆满的答案。

以下我们为大家分析三种不同类型的爱情，因为我们发现，不少青年男女会不知不觉地陷入其中的一种爱的幻想里，以为自己找到了中意的对象。

第一，理想型：他是十全十美的。

世界上根本没有一个人是十全十美的。如果你以为心上人毫无缺点，可要小心了，问问自己：是不是被对方美好的一面吸引住了，只睁开一只眼睛看对方，忽视了他的短处？或者，他是有意隐瞒他的短处去博取你的欢心，以致你不容易觉察出来？当然，对方尽量要给你留下良好印象，算是人之常情，也是一种认真的表现，但过分掩饰能不能看作就是一种欺骗行径？又或是，你相当聪明，早已洞察他有哪些缺点，那你会不会在有生之年都要迁就他？你是不是正在不厌其烦、努力地去改造他，使他成为你自己心目中理想的对象？而他是否真的乐意为你而改变呢？

---

① 杨玉学. 成长之道 [M]. 北京：中国人口出版社，2012.

无论怎样，有一点必须谨记，你要清楚他/她的为人，你所爱的应该是现在的他/她，包括他/她的优点和缺点。而任何改变必须发自内心，对方乐意改那当然是最好不过了，但刻意塑造一个完美的对象，结果只会带来痛苦。

第二，感情型：他很痴情。

你很熟悉西方罗密欧与朱丽叶的爱情故事吧？你是否也向往那种一见钟情、刻骨铭心的爱情？

当然，你不会希望有他们那样不幸的遭遇，但你是否希望结识到"罗密欧型"或"朱丽叶型"的异性？你是否向往浪漫的情调和气氛呢？

情感型的男女，大有一日不见，如隔三秋之感。你俩彼此吸引，陶醉于温馨甜蜜的轻言低语里，当你不和他在一起时，你会坐立不安，甚至唉声叹气。你俩频频相约，纵使影响了日常学业和工作也在所不惜。

我们相信，一见钟情是可能发展成真爱的，但这种情谊往往由爱慕对方的外表而起，与真爱委实有很大的一段距离。过于倾向情感的交流，往往疏忽了思想上的沟通。你要考虑的是：你们是否有相同的人生目标、兴趣爱好，可供彼此分享吗？你是否真的爱他，或者仅爱他的痴情，迷上了浪漫的气氛吗？

第三，情欲型：他很有魅力，使我情不自禁。

在这日益自由、开放的时代，周围都充满了性的诱惑。恋人彼此拉手、拥抱，甚至亲吻、爱抚，都已是司空见惯的了。诚然，肌肤之亲带来的温馨感受是难以抗拒的。然而，你认为这是爱的表现，甚至是爱的保证吗？

那不一定。肌肤的接触可能只由一时的性冲动引起的，并不一定代表彼此倾慕。因为年轻人，尤其是男孩子，很容易受视觉官能上的刺激而冲动；至于女孩子，爱幻想、爱浪漫的气氛，跟异性偎依在一起，也容易抑制不住性冲动。而且，身体的接触是渐进的，一次比一次更亲密、更不由自主，你有足够的心理准备去承受那可能随时发生的性行为及其后果吗？

过于倾向情欲的交流时，便容易忽视思想与感情的沟通。你可能根本没有机会了解对方的个性和品格，便妄自陷入情欲的漩涡中。要知道，灵与肉的交流并重，爱才能持久。

【动感小课堂】小组讨论：女性择偶的底线

说说你最不能忍受男友（异性）什么缺点？

◎没责任心、没有担当；

◎小气；

◎不孝顺；

◎爱撒谎；

◎一脚踏两船的花心大萝卜；

◎有恶习：比如赌博。

二、我该选择怎样的他?

除了上述几条择偶的底线,我们在择偶的时候还必须考虑以下几方面:

(一)择偶的应遵循的"金科玉律"

1. 门当户对

古时候,婚姻都讲门当户对。你家的门要与我家的门差不多规格,你家的窗户也正好与我家的配套,这样的两家人攀亲,谁也无法瞧不起谁,谁也高攀不了谁。后来的门当户对是地位与所受教育相当的人才更可能彼此联姻。

现在的"门当户对"是在"门户"的概念里,融入了更多的元素,不仅有家势、地位、财运,更有品貌、学历、技术、人际关系,甚至性格、思想、对许多问题的观点等。因为这些,都对以后关系的发展有至关重要的影响,是最终的"门户"定型的决定因素。

一个人的性格、教养跟其成长的家庭有很大的关系,相似家庭背景的人或同一层次的人由于其经济条件相当,文化水平、认识能力、审美情趣相似,待人处事方式一致而更易成为伴侣,并且婚后生活中彼此的共同话题也比较多,一般很少出现根本性的分歧,即使遇到纠纷也比较容易协调,这自然会有利于婚姻家庭的稳定与融洽。

当然门当户对的婚姻并不能绝对地决定婚姻的长久,婚姻的长久最重要的因素还是两个人的感情深厚问题。

2. 价值观认同

一般人都要选择与自己价值观相似的异性为配偶。交往双方发现彼此的价值观相似的情况下,才可能进行密切的交往和深层的沟通,从而建立和谐的关系。持有不同价值观的人结为夫妻,从日常生活到事业目标,乃至对孩子的教育理念与方式都会发生分歧,影响彼此的合作和婚姻的质量。

3. 性格互补与人格缺陷

一个认为丈夫是一家之主的"大男子主义者",通常要找一个甘为贤妻良母的女性为妻,而不大可能娶在事业上孜孜以求的"女强人"。

一般说来,青年男女选择婚姻配偶时,其潜意识中总是在寻找自己不具备的东西。因此,两个性格不相似的男女就比两个性格完全相同的男女更容易走到一起。这就是人们在性格上"异质相吸"的倾向。例如,一个外向,一个内向,一个活泼热情,一个老成持重,比较容易结成稳定的婚姻伴侣。但是,双方的性格差异太大,呈现两个极端,这样的人也不宜结合,因为性格相异太大,常常要求对方作出大量的妥协,若不是有相当的成熟性和高度的涵养,是难以做到的。

同时在选择性格时有一点是不应忽视的,那就是了解对方性格中有没有因自幼生活环境导致的病态心理和人格缺陷,充分估量这些因素对婚后生活的影响。择偶过程中若发现一方有人格缺陷,就应当求助心理医生。电视剧《不要和陌生人说话》,其中的男主角就是一个有严重人格缺陷者，是一个虐待狂，他与任何人成婚都会是悲剧。

4. 年龄与经济基础

大多年轻未婚的男人经济基础都很一般，那么应选择"潜力股"，还是"现成男"？选夫如选股，所以最好选择未来有成长空间的潜力股。看人不走眼，你青睐的"潜力股"应是什么样？"牛奋男"好好培养，他日也是一只"绩优股"

选择一个男人，就如买股票：如果这个男人是潜力股，或者绩优股，女人一生就有丰厚的回报；如果这个男人是垃圾股，就会血本无归，还会被深深套牢。你得有一双慧眼，找寻最有价值、最有潜力的绩优股。要嫁就嫁"绩优股"，对于准备投资婚姻的年轻女孩子而言，最佳选择就是那些有成长空间的潜力股。

三、女人怎样谈婚论"价"

讲了这么多择偶的"金科玉律"，有些同学说其实现在男生都很肤浅、很表面，只爱漂亮女生，爱情只属于俊男美女们，是否真的这样呢？

俗话说：一个萝卜一个坑。婚姻的结合主要有哪几种模式呢？

（一）婚姻结合的四种模式

1. 俊男美女

多少年来，英俊的男子、漂亮的女人总是吸人眼球的。不少人甚至糊涂地认为，如果能嫁给一位俊男，或者娶到一位靓女，少活两辈子也愿意。很多韩剧、偶像剧中就有很多这种郎才女貌、金童玉女的搭配，其实这种结合的婚姻是最脆弱的。道理很简单，对于俊男美女来说，从小到大他的身边都是掌声和鲜花，优越感比较强，一旦遇到矛盾谁都不愿意妥协、退步，更别说用心去关怀对方、取悦对方了，所以这样的婚姻很容易以失败落幕，最明显的就是那些漂亮的女明星。

2. 鲜花插在"牛粪"上

鲜花插在"牛粪"上，人们开始会觉得不和谐、不美，但当人们一思考时，这种不和谐似乎隐藏了另外一种更加意外的和谐。牛粪看似不起眼，但在冬天的时候可以烧火，使人感觉暖和、舒服。因此，鲜花插在牛粪上永远不会受到"冷遇"。它的营养使鲜花得到最好的滋润，比养在花瓶务实、长久。花瓶式的男人没有几个能积累财富，中看不中用。

3. 野草插在"蛋糕"上

这种模式用通俗的表达就是"丑女"与"优质男"搭配。一般姿色平平的女子都不张扬，不狂妄，没有顾影自怜的伤感，没有矫揉造作的自负，有的是恬静平和、友善诚恳。因为没有倾国倾城的容貌，她们以性格取胜。姿色平平的女子身上所独有的一种魅力，比如平常心、朴实的气质，她们不会对男人有过多的要求，和这样的女人过日子就是舒服、平静、快乐，能够载着婚姻的小船驶向岁月的远方。

4. "歪锅"配"歪灶"

这种模式指男女双方各有各的优、缺点。人生不完美，但婚姻可以互通有无，资源互补，形成你中有我、我中有你的局面。如果"歪锅"配"扁灶"或者"圆灶"，也会因为不合适而造成双方的不合适。

上述的组合，告诉我们一个朴实的道理：爱情、婚姻没有"十全十美"。作为普通的我们如何谈婚论"价"呢？单从自身容貌性情衡量，也许你属于那种"比漂亮的聪明，比聪明的漂亮"的女孩——尴尬地夹在聪明与漂亮中间。我们都说漂亮的女孩不一定可爱，但可爱的女孩一定漂亮。一个优秀、成熟的男人绝不会仅仅因为你有好的"外貌"就娶你为妻。

(二) 优秀男人的择偶标准

1. 自立的女性最受优秀男人喜爱

一个自立的女性一定是一个具有独立人格的女性，是一个不会因为男人而失去自我的女性，她有自己的工作，有自己的思想和爱好，她也有自己的好朋友。很多女性以为找到了一个优秀多金的男人，就放弃了自己的工作、自己的爱好、自己的社交圈子，没有了自己的主见，一切围着男人转，也许男人希望她待在家里相夫教子，因为经济上不是问题，很多女性在外面打拼也很辛苦，更是渴望退回家里享受生活。君不见，短暂的休整是可以的，但是，随着时间的推移，家庭生活更多是平淡和琐碎，除非你自己很享受它，否则你的光彩、你的魅力必将被磨平。而且由于自己在经济上、在思想上不能自立，不敢面对社会，面对新的挑战，这样的女性在婚姻的路途上实在是前途堪忧。

2. 自信的女性最被优秀男人着迷

充满自信的女性最有魅力，自信的女性不代表她有一个高薪工作，不代表她有高学历，也不代表她一定要有漂亮的外貌，哪怕她是一个餐厅服务员，哪怕她长相平平，只要她充满自信，充满对工作的热爱，就没有人看不起她，就一定会赢得别人的尊重；自信的女性一定是一个乐观的人，一定是一个善于鼓励和鞭策自己男人的女人。在外面为事业而奋斗的男人，难免会受到挫折，会受到伤害，这个时候更需要女人的安慰和鼓励，而不是指责和嘲讽。自信的女性的魅力不是靠装扮，不是靠长相，它是一种自然流露，是发自内心的；不自信的女性，哪怕她再有漂亮的外貌，哪怕她每天打扮得花枝招展，也只是昙花一现，只能博得别人一时欢娱，而不能获得优秀男人的长久爱恋。

3. 善良的女性最被优秀男人欣赏

一个善良的女性一定是个会感恩的女性，会感恩的女性一定是个伟大的女性，一个善良的女性一定知道如何善待自己的父母、善待老公的父母，会感恩的女性一定不是个贪得无厌的女性，她知道老公打拼不容易，她知道合理安排家庭生活，她充满爱心，她对生活不急不躁、乐观向上。

综上所述，"优秀男"择偶的标准无关打扮、无关长相、无关学历，更多欣赏的是女人自身的内涵和性格。女人不能做男人的"附属品""花瓶"，而且要做一棵"橡树"，与爱人一起分担寒潮、风雷、霹雳；共享雾霭流岚。

四、女人爱的筹码

第一，要善良、宽容、勤快，孝敬老人。

第二，要有自己的工作。

第三，要有品味，知书达礼。

第四，懂得打扮自己。

第五，爱人要有自己的底线等，一个不懂爱自己的人一定得不到别人的爱。

【核心小结】

1. 爱是什么？该怎样选择他？怎样"嫁"值连城？爱的筹码有哪些？

2. 选准人、选好人，执子之手、与子偕老。

3. 学会爱、提升爱、成长爱。

甜蜜女性·丁香花

爱与性

【学习目标】

◎了解"性"，认识"性"。

◎掌握生命的起源、生殖健康知识。

◎了解爱与"性"的知识，树立正确的性道德、性观念，学会自尊、自爱。

【课程导入】

姑娘与水手

一艘船遇上了暴风雨，不幸沉没了。船上的5个乘客幸运地乘上了两艘救生艇。一艘救生艇上有水手、姑娘和一位老人；另一艘艇上是姑娘的未婚夫和他的亲戚。气候恶劣，波浪滔天，两只救生艇被打散了。

姑娘乘的艇漂到一个小岛上。她惦记着未婚夫，千方百计要去寻找。有一天，姑娘远远地发现了大海中的一个小岛，她请求水手："请修理一下救生艇，带我去那个岛上好吗？"水手答应了姑娘，但提出了一个条件——必须和他发生性关系。陷入失望和困扰的姑娘找到老人商量："我很为难，我该怎么做呢？"老人说："对你来说，怎么做正确，怎么做错误，我实在不能说什么。你扪心自问，按你的心愿去做吧。"姑娘急于找到未婚夫，万般无奈，满足了水手的要求。第二天早上，水手修好了艇，带着姑娘去了那个小岛。远远地，她看到了岛上未婚夫的身影，船刚一靠岸，姑娘就拼命跑向未婚夫。在未婚夫温暖的怀抱里，姑娘想：要不要告诉他昨晚的事呢？思前想后，她向未婚夫如实说明了情况。

未婚夫一听，顿时大怒，一把推开她，并吼着："我再也不想看见你了！"转身跑走了。姑娘伤心地边哭边往海边走。见此情景，未婚夫的亲戚走到她的身边，用手拍着她的肩膀说："你们两人吵架我都看到了，有机会我再找他说说，在这之前，让我来照顾你吧。"

【动感小课堂】

故事中出现的5个人物（水手、姑娘、老人、未婚夫、亲戚），按照自己的好感程度做出选择并排序，然后简单地写下原因：

人物	好感顺序	理由
姑娘		

人物	好感顺序	理由
未婚夫		
水手		
老人		
亲戚		

通过上面的讨论，我们需要学会尊重跟我们有不同看法的人，倾听别人的观点，理解与自己价值观不同的人，学习相互理解对方的特点。

【动感小课堂】 头脑风暴

当听到"性"这个词时，在你脑海里想到的是什么？

一、认识性

（一）性的含义

性是每个人成长过程中至关重要的因素。社会上，人们对性是没有统一看法的，很多时候性观念会随着社会文化的变迁而随之改变。不同的社会，不同的文化背景，不同的生活环境和经历，会造成人们对性的认识、理解、取向、感受的差异。性是很自然和正常的事情，发育成熟的青少年和成年人一样会有性欲望，也会有希望了解与性有关的知识和信息的需求，这是正常的。对性的了解有助于培养我们对性的认识和态度。

【知识广角镜】 性的定义

"性"包括很多方面，我们通常能够联想到的性欲、男女生殖系统、成长过程中男女的生理变化、生命的起源、性交、怀孕与分娩、性病、避孕等。这些内容可以说是性的生理含义，属于纯生理层面（或者说是狭义的"性"）。

心理层面的性包括：我们对自己性别的认同、个人身心的发展、对同性与异性的情感、对爱的表达、对恋爱与婚姻的认识及抉择等。

社会层面的性包括：家庭及社会之间人际关系的沟通、性道德和价值观、男女在社会上扮演的不同的角色等。

如果要全面地理解"性"，就要从其生理层面、心理层面和社会层面来理解（广义的"性"）。

（二）正确的性态度

对性的了解有助于培养我们对性的认识和态度。一般而言，良好的性态度包括以下四点：

（1）健康：接纳自我（性别、性角色、性需要）。

（2）平等：尊重他人的性抉择和性取向，不侵害、不利用、不强制。

（3）客观：了解科学的性知识，全面正确地理解性。

（4）负责：对自己的感受和感情负责，对性行为的可能后果负责。

【动感小课堂】

观看科普影片——《爱的奇迹》。

二、生命的起源

（一）生命的孕育

一个新生命的孕育，是从精子与卵子的结合（受精）开始的。男女进入青春期后就具备了生育能力。男性睾丸发育，产生精子；精子的形状像蝌蚪，会游动，个头比卵子小得多。男子每次射出 2~5 毫升的精液中，内含 2 亿~5 亿个精子。精子在女性生殖道内通常能够生存 1~3 天。女性发育成熟后，一般每月排出一个成熟的卵子。左、右卵巢交替排卵，卵子呈球形，是人体最大的细胞。

性交时，精子进入女性的阴道，几亿个精子开始赛跑，拼命地往子宫腔里游动，仅有一小部分进入输卵管。这时，若正好遇到女子排卵期，精子就与成熟卵子在输卵管中相遇，其中只有一个精子能幸运地和卵子合二为一，形成一个新的细胞——受精卵（这叫做受精）。受精卵通过输卵管移动到子宫里。

胎儿在母亲的子宫里发育，借胎膜、胎盘、脐带等结构与母体建立密切联系，维持在子宫内的生活。从怀孕到胎儿出生要 9 个月的发育时间，因此胎儿发育与母体的身体状况、饮食结构、生活习惯等有密切的关系。胎儿正常经阴道分娩，有特殊情况剖宫产出。

（二）避孕小知识

一些年轻的女孩怀孕，因为身体发育不成熟，以及抚养孩子的心理、社会、经济能力不成熟而选择流产。流产会损害人体健康，比如感染妇科疾病（盆腔炎、子宫内膜炎、输卵管炎），可能会因为子宫内膜损伤、宫腔或输卵管粘连影响下一次胎儿的发育，并且带来一系列的心理、精神上的伤害问题。下面介绍几种避孕小知识：

（1）使用安全套。安全套也叫避孕套，是以非药物的形式阻止受孕，主要用于在性交中阻止人类的精子和卵子结合，防止怀孕。除此之外，避孕套也有防止淋病、艾滋病（HIV）的作用等。

（2）口服避孕药。口服避孕药有女性口服避孕药和男性口服避孕药。它的避孕原理主要是通过抑制排卵，阻碍受精卵的运送，使精卵无法结合形成，从而达到避孕目的。紧急避孕药在性生活 72 小时内服用，一个月不能超过两次，一年不能超过 3 次。

（3）安全期避孕。安全期就是月经前的 7 天到月经后的 8 天时间这一段时间，其他的时间段可能是在排卵期，也就是危险期。安全期避孕不是非常的安全有效，只有65%～95%的避孕效果，所以建议使用安全套或者常规避孕药。

除了上述主要的避孕方式，还有体外排精、宫内节育器、结扎等方式。

【动感小课堂】

小组讨论你认为爱情与性的关系应该是什么样的呢？下面五种有代表性的观点，请大家选择并陈述理由。

爱情与性

类型	有爱无性	先有爱才有性	爱与性同时有	先有性才有爱	有性无爱
理由					

三、爱与性

爱情与性的关系，是个古老而又现实的问题，说它古老，是因为它可以追溯到柏拉图，追溯到11世纪法国的骑士爱情，追溯到弗洛伊德；说它现实，是因为我们会遇到与它相关的"婚前性行为""婚外恋""性工作者"等问题。

中国人民大学性社会学研究生对大学生进行的随机抽样调查中曾多次涉及性爱观方面的内容。数据表明，尽管社会发生了巨变，尽管大学生的性行为增加了，但是他们的观念却基本没有变化：相信"先有爱，后有性"的人一直占据主流地位，其次是"爱与性可以同时有"。持这两种观点的人占调查人数的90%左右。

【延伸阅读】

我们如何理解性[①]

一谈起"性"，许多人会很自然地联想到一个男人和一个女人性器官的交合行为（性交）。这种理解不能算错，但这只是对性的狭义的理解。对于人类来说，性交行为本身并不能涵盖性丰富深刻的内涵，因此，当我们谈到"性"的时候，不能不包括参与性活动的双方作为一个有性别的人的全部内容。也就是说，人类的"性"指的不仅是性交行为本身，而且还包括什么人、对于谁、出于什么动机、在何时何处、以何种方式、进行什么样的性的性活动。有的性教育学者提出，"性"有如下五方面的含义：

一是一个人学习如何成为有个男人或女人相伴的全部过程；

二是一个人对于自己身为男人或女人的感觉与态度；

三是一个人身为男人或女人的一切想法、经验和行为表现；

四是一个人与同性及异性的交往方式；

---

① 杨玉学. 成长之道［M］. 北京：中国人口出版社，2012.

五是一个人与同性及异性所建立的关系模式。

你是否从中发现，"性"实际上涉及了我们整个人生？因此，当我们希望自己作为一个完整的人，能在"性"方面获得满足的时候，仅仅纠结于如何避免"阳痿""早泄"纯生物学或技术性的问题，就显得肤浅了。摆脱性的无知，并不意味着仅仅关注自己的性器官的形态和功能，而是意味着我们还需要具备许多有关如何做人的知识。

我们需要了解在现代社会中自己所扮演的性别角色，我们需要了解和尊重异性，并学习如何与异性相处，培养自己社交能力，当然，我们也需要了解两性生殖方面的知识，包括生命是如何诞生的，也包括一些避孕知识；我们还需要了解与"性"有关的正常与异常的表现；我们更需要了解与"性"有关的社会制度，以及相应的伦理观、道德观和价值观等，比如在历史上和现实中，人类各式各样的性活动究竟各占多大比例？各种性活动有哪些生物的、社会的和文化的制约或促进因素？人们为什么会对某种特定性活动产生特定的看法？社会是如何管理人们的性活动的？

在学习的过程中，我们会逐渐形成自己的价值观和道德观，学会在变迁迅速、价值多元的社会中作出自己明智的选择，并为自己的行为承担责任。

青少年阶段是影响一个人一生发展的关键时期，除了需要面对不断的成长与改变，还要面对一生中最强烈的性冲动。要学会如何与它安然相处，并不是一件容易的事。要知道，真正使我们在"性"方面产生冲突或困难的，往往不是我们在性方面实际做了什么，而是我们对"性"所持有的看法和做法，也就是性态度。

性态度包括一个人对"性"的看法和做法，比如，你认为自己是男人还是女人（性别认同）？你喜欢异性还是同性（性取向）？你自己是否愿意有婚前性行为或婚外性行为（性道德观念）？

性态度还包括一个人对于社会上存在的性现象的看法和做法，比如，你是一位异性恋者，你自己拒绝婚前性行为和婚外性行为，你对那些同性恋者、婚外恋者，还有婚前发生性行为的人是否持宽容态度？你对社会上存在的娼妓、色情电影等性商业是否可以容忍？等等。

性态度是如何形成的呢？虽然有人认为应从先天因素和后天因素两个方面来理解，但是，目前的研究还不很清楚，究竟是否与生物学因素有关？如果有，又会在多大程度上起作用？被性教育者强调最多的是，后天因素在性态度的形成中起了极大的作用。

人从出生后就开始了社会化过程，性态度的形成就是社会化过程的一个重要组成部分。父母亲的态度、学校的教育，以及同伴群体和大众传播媒介都深深地影响着我们每个人性态度的形成。中国人民大学性社会学研究所潘绥铭教授认为，一个人的性态度取决于他在青春期前后各三年中所处的生活环境。当诸如性梦、性幻想、梦遗、手淫等行为出现的时候，对你生活有重大影响的他人和社会环境是怎样对待你的，对于你的性态度的形成至关重要。从这个意义上说，我们在青少年时代，通过学习和与人交往，对性有更广更深的了解和理解，可以不断修正我们正在形成的性态度。

在任何社会中，人们的性态度都是很不一样的。我们不能武断地说，哪一种就是绝对的正确，哪一种就是绝对的错误。有人将古今中外所有社会中"性"的尺度分为六等，由最严厉的禁欲主义到毫无顾忌的放任主义：

（1）传统的禁欲主义：认为性行为只能在婚姻中进行，而且是为了传宗接代，不能有享乐的念头，强调处女和贞操。

（2）开明的禁欲主义：能够接受"性行为不是以生殖为目的，还有快乐的需要"，但只有夫妻才能享有这种闺房之乐，一味地强调"处女""贞操"，反对婚前性行为和婚外性行为。

（3）人道保守主义：认为青少年已经有了性冲动，不能置之不理，要给予他们性教育，目的是使他们能与自己的性冲动安然相处，仍然反对青少年之间的性探索行为。

（4）激进主义：认为成年人评估青少年的好坏不应该以"是否有性行为"为标准，而应以他们在这些行为上负责程度做标准，主张将"性"的"自主权"交给青少年自己处理。

（5）享乐主义：认为性是自然、健康的，只要双方同意，彼此在行为上不伤害对方，不违背人伦关系，任何人无权干涉别人的性活动。

（6）放任主义：主张打破所有对"性"的人为的制约，认为一切制度都会对人类的发展有害，主张回到原始的无政府状态。

你觉得自己位于哪一个尺度呢？你的父母、老师、同学、朋友呢？还有，目前我们的社会的尺度是什么？相信你会从中发现，你的许多内心矛盾和冲突常常是由于自己的行为尺度逾越了自己性观念尺度，或是自己所接受的尺度与周围的社会环境格格不入。

【核心小结】

1. 性是种族延续的方式，性是自然、美好的，但不是人生的全部。

2. 学习避孕知识，采取避孕方法是对自己和他人负责的表现。

3. 性不代表爱，爱也并未一定要用性来表达，纯洁的爱情很难得，我们应该好好珍惜。

甜蜜女性·丁香花

女人"心"

【学习目标】

◎了解女性特有的心理现象、特征、发展特点。

◎掌握女性典型心理问题的调节方法。

◎认识婚前性行为的带来的后果，树立正确的性道德、性观念。

【课程导入】

我想问一下大家，什么叫作甜蜜女性？作为一名甜蜜女性，我们应该拥有甜蜜的伴侣、甜蜜的爱情、甜蜜的生活。但是这一切必然需要一个坚实的基础，那就是你必须是健康的，只有一个健康的女性，才有资格长久地享受甜蜜。那什么样的女性才是健康的呢？身体健康？心理健康？正如大家所说，心理健康也同样非常重要，甚至于心理会影响生理。那怎样才算是甜蜜女性的健康心理？一旦遇上烦心事该怎么调节自己的状态？如果自己不能调节，又该怎么办？"女人的心"我们到底懂不懂？女性特有的心理现象与女性特殊的身体特点有关，主要包括女性在月经、怀孕、流产、分娩等特定时期的心理现象。

一、经期前综合征

【案例分析】

小楚的"大姨妈"

一觉醒来，小楚发现自己的月经又来了，每个月她最害怕"大姨妈"来的日子。"大姨妈"来了，她下腹就会坠胀疼痛，难以忍受，手脚有时还发冷，室友经常给她冲泡红糖水。每次来"大姨妈"，小楚都需要向辅导员请假，她烦透了！

（一）什么是经期前综合征

经期前综合征指女性在月经周期中表现出的一系列生理和情感方面的不适症状，症状与精神和内科疾病无关，在月经来潮后自行恢复到没有任何症状状态。

经期前综合征一般在月经来潮前一周左右的时间里出现，在经前两三天症状加重，行经后症状会自然消失或明显减轻。

其主要表现有烦躁易怒、失眠、紧张、压抑及头痛、乳房胀痛、腹部浮肿等一系列的症状，严重者可影响妇女的正常生活。从经前期综合征的临床症状看，该病是育龄妇女发病率较高的疾病之一。同时，经前期综合征是一种生理和心理等综合因素导致的一种女性疾病。

（二）经期前综合征的处理

我们应首先认识产生经期前综合征的原因，并掌握一些减轻或消除症状的方法：

（1）在日记或日历上做好标记，将每次月经来潮的日子画上红圈。当看到画有红圈的日子快到时，便为应对自己情绪上的不稳定做好心理准备。

（2）告诉别人近来自己情绪不佳。

（3）调节好生活节奏。在月经前期情绪不稳定阶段，尽量增加休息和娱乐时间，把生活安排得轻松一些，这有助于减小压力，消除"不能胜任"的感觉。

如果经期前综合征情况很严重，以致影响了学习和生活，那么可寻求妇科医生的帮助，同时还可以寻求心理医生的指导，必要时可适当服用镇静剂或者是抗焦虑、抑抗郁的药物。一般来说，随着年龄的增长、情绪的成熟，这种状况就会自行好转和缓解。

二、失恋了怎么办？

（一）女性青春期性意识发展

当女生第一次来月经，就标志着她正式进入青春期。青春期性意识的发展有以下几个阶段，每一阶段的心理表现是不同的。

（1）疏远异性期。

（2）向往年长异性期。

（3）接近异性的狂热期。

（4）后期正式的浪漫恋爱期。

处于青春期的女性要划清恋爱和婚姻的界限，不可逾矩，不要放纵地亲昵，正视对方的缺点，认真地和负责地沟通，增加了解。和谐爱情的逐步形成，是基于双方遵守承诺和共享建立起来的美好前景。通常在激情消退后，会发现对方存在以往未曾注意到的缺点，能够比较冷静地看问题。

这个阶段最典型最常见的心理问题有恋爱心理问题、婚前性行为引起的心理问题。

【案例分享】

厦门22岁女大学生失恋后，四个月丢两部手机！

一查竟是这种病……

刚过去的4个月对于22岁的女大学生晓琪（化名）而言真的太难了！女大学生记性变差四个月丢两部手机，和同学约定好的事情转头就忘记，总是丢三落四，同学都开玩笑说她是不是提前老年痴呆了。晓琪健忘的症状持续了近四个月，期间遗失了两部手机，多把遮阳伞。她补充道，出去吃饭，吃完饭走了背包却忘记拿走；去超市购物完坐公交车返回，人下车了，东西却落在公交车上。此外，晓琪还时常想不起同班同学的姓名。"我觉得脑子乱乱的，又空空的，像沙漏一样，什么事情都装不住。"晓琪说。我四个月前和男友分手了，之后心情一直不大好，和男友分手心情差。不久前她因记忆力不好，到厦门医学院附属第二医院神经内科就诊，结果是她患上了中度抑郁症。

【动感小课堂】

　　小组讨论：失恋了怎么办？

　　（二）正确面对失恋

　　（1）端正认识。失恋并不意味人生的失败或幸福的毁灭。

　　（2）适当宣泄。找你的朋友、家人宣泄你心中的怨恨、不满、苦恼，朋友，家人的安慰会淡化对方在你心中的地位。

　　（3）自我安慰。运用"酸葡萄"（找出对方的缺点）、"甜柠檬"（找出自己的优点）心理进行自我安慰。

　　（4）积极转移。环境转移、感情转移，即改变生活的环境，把情感放到其他人或事物上，转移注意力。

　　（5）力求升华。把时间，精力放到事业、学业上，力求用事业、学业的成功，实现自身价值，获得心理的快慰，促使感情升华。其实，升华也是一种转移，是一种更高层次，更有价值的转移。当你功成名就时，说不定，你会感谢这一次失恋。

三、婚前性行为

　　大多数热恋中的年轻人，随着爱情的深化，出现一定程度的亲昵行为，如拥抱和接吻是可以理解的，也是社会可以接受的。实际上在目前情况下，有相当部分青少年男女按捺不住，发生婚前性行为。情到浓时，男友向你提出性行为要求的时候，你会怎么办？

【动感小课堂】

　　小组讨论：为什么部分女生会接受婚前性行为？

　　（一）女大学生发生婚前性行为动机的五大误区

　　（1）满足对"性"的好奇与探秘心理。

　　（2）感激男友对自己的倾慕爱恋之情。

　　（3）消除男友对自己不放心的担忧感。

　　（4）使爱情关系升级。

　　（5）抗拒环境阻力。

（二）婚前性行为对女性的危害

婚前性行为大多是在隐蔽状态下进行的，双方常伴发紧张、害怕、恐慌等心理和不道德感与羞愧感，极易引起性反应抑制和性焦虑的发生。当今多数成人认为婚前性行为不可取，而且少女受孕打胎，对身心都带来有害影响，故应采取措施防范。如果一对恋人中出现了婚前性行为，会使恋爱关系出现不利于女方的发展趋势。一些研究结果表明，夫妻婚前有性行为者，婚后不和睦的发生率高。婚前性行为往往导致性关系随便、道德观念淡薄、性生活紊乱及性病的传播等，使新婚蒙上阴云，并给婚后生活造成诸多不愉快。

如果真的发生了婚前性行为，你该怎么办？我们应该直面问题，积极应对，调节认知和情绪。如果出现了一些生理和心理上的问题，你又无法自我调节，那么一定要求助。求助是一种能力。如果因为婚前性行为而意外怀孕，该怎么办？

如果决定终止妊娠对女性（也包括与之相关的男性）是件重要和不易的事情，因此，为减少可能面对的问题和挑战，最好的办法是"有准备"，增强"预防意外怀孕"的意识和能力。

【动感小课堂】

角色扮演：做决定

在日常生活中，我们会觉得要拒绝别人的要求并不容易。设想一下，如果你的恋人向你提出以下性要求，可你却不想这么做，你会怎样拒绝他/她呢？下面分组进行角色扮演：

情景1

人物：一对热恋情侣（别无他人）。

场景：海滨，夏日的夜晚，月色撩人，微风轻拂，海浪轻轻拍击海岸。

请双方表演：男方提出性要求，女方拒绝。

情景2

人物：一对热恋情侣（别无他人）。

场景：海滨，夏日的夜晚，月色撩人，微风轻拂，海浪轻轻拍击海岸。

请双方表演：女方提出性要求，男方拒绝。

情景3

人物：一对热恋情侣（别无他人）。

场景：一间小屋，生日晚餐，美酒，烛光朦胧，音乐回荡，双方均微有醉意。

请双方表演：男方提出性要求，女方拒绝。

情景4

人物：一对热恋情侣（别无他人）。

场景：一间小屋，生日晚餐，美酒，烛光朦胧，音乐回荡，双方均微有醉意。

请双方表演：女方提出性要求，男方拒绝。

上面每个情景的拒绝方式是否合适？为什么？被拒绝一方是否有可能接受拒绝？为什么？随着身体的发育，成长中的青少年，每天都会面对许多与性有关的事情，需要作出处理和决定。有些是仅与个人有关的，如性幻想、性自慰；有些是与他人有关的，如恋爱约会、性行为等。怎样作出明智和负责任的决定，对自己负责，对他人负责，是每个人面临的问题。

（三）学会拒绝

做出是否发生性行为决定之前，在心中问问自己我准备好了吗？我真的了解他吗？我的要求对方能接受吗？我能保证这个决定为他所认可和尊重吗？我能保证这个决定是一个健康、安全、负责任的决定吗？我了解预防意外怀孕的方法吗？我能够承担意外怀孕及其后果吗？如果你的决定是负责任的，那么，就要坚持自己的决定。

拒绝是权利。你有说"不"的权利，而且也要尊重他人说"不"的权利。拒绝是技能。拒绝要有力，语气坚定、态度明确，甚至肢体语言与言语态度要相一致。最有力的拒绝是反击，爱可以是拒绝性要求的最好理由——如果你爱我，就不会让我做我不愿意做的事。

【核心小结】

1. 女性特有的心理现象、经期前紧张症、面对失恋。

2. 婚前性行为。

3. 女人如花，保持自己的健康，守住自己的美。

甜蜜女性·百合花

幸福来敲门

【学习目标】
◎了解爱情与婚姻，影响婚姻稳定的因素。

◎了解夫妻相处之道，婚姻经营。

◎了解现代女性新"三崇四德"，树立正确的婚姻观。

【课程导入】

中国离婚率2019年大幅上升

中国媒体披露，2018年中国有760万对夫妻离婚，2019年以来平均每天有20 000对夫妻离婚，离婚率连续七年上升。

在中国，2018年有620万对夫妻结婚，却有760万对夫妻离婚。《广州日报》报道说，统计数据显示，2019年一季度，中国已经有58万对夫妻办理了离婚手续，比2018年同期大幅增加百分之十七，平均每天有2万对夫妻离婚。中国从号称世界婚姻最稳定的国家成为全球离婚率最高的国家。统计数据显示，2018年中国离婚年龄主要集中在22岁到45岁，45到50岁的人群婚姻状况相比稳定，但五十岁以上的人群离婚率略有上升。

一、婚姻是爱情的坟墓吗?

爱情是感性的，而婚姻是理性的；爱情是一种情感行为，而婚姻是一种法律行为；特别是在我们国家特别强调家庭观念。爱情是两个人的事，而婚姻则是合作公司，是需要两个家族共同参与、共同面对的事。有这样一种"结婚三次论"，在这个世界上，那些白头偕老的人，一生基本上都结三次婚：第一次是在饭店里，在亲朋好友的恭喜和祝福中，与一个自己所爱的人结婚；第二次是在家里，两人经过几年磨合，互与对方的习惯结婚，接纳和包容彼此的缺点和不足；第三次是在家族里，与对方的各类亲情结婚。许多女人误解婚姻就是嫁一个男人，而不知道还要嫁给这个男人的习惯和性格，以及这个男人背后的家族。这种认识上的错误，让我们在这个世界上，看到了不少破碎婚姻。

【动感小课堂】

角色扮演与主题讨论 铁达尼号续集

请四个人一小组，以角色扮演的游戏方式，完成属于双方的铁达尼号续集。

铁达尼号男主角杰克（Jack）和女主角罗丝（Rose）在铁达尼号上相识、互相吸引，并热切地相爱。Rose愿意放弃富有的未婚夫，要和靠画画和偶尔赌博赚取生活费的Jack共度一生。假设Jack、Rose及其未婚夫三人都幸运地在船难中活了下来，请大家设想一下，Rose和Jack之间的关系将会如何发展？他们会结婚吗？结婚之后他们会幸福吗？

二、影响婚姻稳定的因素

（一）关系淡漠

很多夫妻一见钟情，但爱情基础十分薄弱，因为他们多是受到对方性方面的吸引。日子久了，这些吸引就可能变得浅薄。

（二）经济负担

很多夫妇都担负着沉重的经济负担，一方面要还房贷，另一方面要应付家庭开支，实在不易。如果缺乏忍耐，就容易因此而大吵大闹。

（三）婆媳问题

婆媳问题，是任何一个时代都普遍存在的难题。

孩子的教育问题也是现代社会非常普遍的问题。现代青年夫妇都有教养子女的理想，都希望望子成龙、望女成凤。听谁的不听谁的，实在难以找到一个衡量的标准。

（四）性生活缺乏

夫妇们对性的要求是十分合理且必需的。无论起因是什么，缺乏性，就会让婚姻亮起红灯。

（五）婚外情

它可能是以上五个原因的后续，但不是婚姻中最主要的问题。

著名的爱情专家黄维仁博士指出，离婚的两个高危险期，一个是平均婚龄5.2年时，与无法有效处理冲突有关；另外一个是平均婚龄16.4年时，与丧失友情和亲密感有关。

三、婚姻的经营

（一）了解爱的语言，建立爱的账户

著名的爱情专家黄维仁博士在他的《亲密之旅》中提出：爱的五种语言分别是珍惜的相处、精心的礼物、服务的行动、身体的接触、肯定的语言。

（二）"爱情银行"的观念

爱情银行：每个人的心灵里都有一个感情账户。

存款：让对方开心，觉得被欣赏、肯定或感受爱。

提款：让对方痛苦，觉得被批评、误解或伤害。

存款丰厚：爱能遮掩许多罪，使大事化小，小事化无。

债台高筑：任何小错都会变成大罪。

"存一进百"的智慧，即如何存一块钱而让对方爱的账户收到100块钱？

要做到这点就要了解对方的语言，"投其所好"而非"给己所要"。了解对方的心理感觉才能做到有智慧的存款。没有关系，就什么都有关系；有了关系，就什么都没有关系。我们务必要借着刻意经营，让亲密关系中的双方，在彼此情感的脑中被认为是安全的，不是危险的，是爱你的朋友，不是伤你的敌人。

（三）管理好情绪

冲动是魔鬼。在婚姻中，由于夫妻的价值观、性格等的不同，矛盾的产生是难以避免的。面对矛盾，夫妻双方不仅仅需要包容，更需要的是控制彼此的情绪，通过交流或其他适合的方式来解决问题。例如，存款丰厚、没有冲突时，大脑就会把配偶解释成朋友，是安全性的；存款不够、冲突多时会把配偶解释成为敌人。是敌，就斗争、逃亡；是友，就想与你玩、亲近，或者就愿意有性关系。处理不好冲突和差异的话，婚姻就会出问题。要使婚姻生活和谐长久，一定要学会如何处理冲突和差异。

【案例分享】

我们的床单实在太旧了

妻子买了一块纯白色的布料准备做晚礼服，她欢天喜地地拿给正在读书的丈夫看，并温柔地问道："你喜欢这块布料吗？"丈夫漫不经心地答道："很好，我们的床单实在太旧了！"

理性思维的丈夫关注的更多的是家庭共同的东西，感性为主的妻子关注的更多的是自身，即使是共同的浪漫，也有这方面的差别。

1. 男女在婚姻中有不同需要

男人：性满足，富有吸引力的配偶，被欣赏，家事无后顾之忧，休闲活动的伙伴。

女人：被爱，交谈，开诚布公，经济无忧，对家的承诺。

女性经常一边说、一边整理思绪，所以太太在处理事情或情绪上，多需不断地说。男性常先整理好思绪后才说，所以先生会需要一段安静、没有人打扰的时间。

2. 处理冲突与差异

冲突是"危机"，是"危险+机会"，不可避免，更不能压抑。懂得处理冲突，可以帮助夫妻更加彼此了解，是通往亲密的康庄大道。冲突，很少跟事实有关，大部分是跟一个人的观点、角度，对这个事实的解释，与双方的价值体系有关。了解差异与冲突，懂你的另一半，寻求双赢，真诚地处理冲突。很多争吵往往是双方都只关注自己的表面立场。如果双方能够在意对方的感受，探索彼此的深层的心理需求，就有可能发现双赢的办法来解决冲突。

3. 情绪调节的五大要诀

家庭是讲情的地方，不是讲理的地方。

要诀1：觉察、醒悟、为爱点燃一盏灯。为爱点燃一盏灯，从潜意识做主控的"冲动反应"状态，进入由意识做主控的"理性响应"状态。

要诀2：情绪了解。去认识情绪，认识情绪才能疏导情绪，是提高情商的好办法。在这一过程中，我们了解了自己的情绪来源，唯有了解才能疏导。

要诀3：归因思维，要思考情绪产生的原因。一个情绪的产生和原生家庭的背景，一些过去没有满足的需求是有关系的。

人际的冲突很多时候都和我们看待事物的角度有关，我们要学着多角度地去看待同一个问题。

灰姑娘番外篇

话说灰姑娘成为王子美丽的新娘后，快乐得不得了。以前的日子，每天要挑水、捡柴、烧饭、洗衣……还常常有一餐没一餐的。现在光是伺候她的宫女就有好几打，而各地进贡的美食和宫廷里的宴席也无比丰盛，御厨精制的三餐、下午茶和宵夜，更是让她吃得痛快不已！如今算来，灰姑娘嫁给王子也有几年了，王子对她的态度越来越冷淡，常见他望着宫外的美少女摇头叹息，灰姑娘百思不得其解。有一天，她心血来潮拿出玻璃鞋穿，不料"锵"的一声！鞋子应声而碎，灰姑娘赶紧把仙母找来，仙母见到她后不禁摇头："唉，我忘了提醒你玻璃鞋承重上限是100千克。"灰姑娘对此还不以为意，可是后来她实在受不了王子的冷落，于是下定决心来到"最佳女主角"瘦身中心。服务小姐便带她进入一个三温暖烤箱。灰姑娘进到里面，发现已有两个比自己臃肿的姑娘在那儿了，便自我介绍："你们好，我是灰姑娘。二位是？"

"我是睡美人。"

"我是白雪公主。"

……

四、嫁给谁都幸福①

吴淡如，台湾著名的畅销书作家及节目主持人，在其《嫁给谁都幸福》中写到，幸福并不是掌握在别人手中的，而是放在心中的一种能量，掌握下面五步，做个嫁给谁都幸福的女人：

（1）放弃找个完美情人，接受"及格先生"；

---

① 部分内容节选自黄维仁. 亲密之旅［M］. 北京：中国轻工业出版社，2009.

（2）无论如何，用力、用力、用全力来爱自己；

（3）当婚姻变成"众人之事"，要学会沟通，加点温柔；

（4）当感情世界变得太拥挤，要记得：保持冷静、运用理智；

（5）幸福人生，除了努力进攻，还要小心防守，不要随意犯规。

同时，谨记我们课程所倡导的现代女性新"三崇四德"，即崇尚"经世致用、经营家庭、善待自己"，学会"自尊、自强、自立、自信"，懂得夫妻相处之道，让幸福来敲门。

【核心小结】

1. 婚姻是爱情的坟墓吗？

2. 影响婚姻稳定的因素。

3. 嫁给谁都幸福。

现代女性新"三崇四德"，即

三崇——经世致用、经营家庭、善待自己；

四德——自尊、自强、自立、自信。

甜蜜女性·百合花

当媳妇遇上婆

【学习目标】

◎了解婆媳关系的现状。

◎了解婆媳关系失调的原因。

◎了解家庭中婆媳关系处理之道。

【课程导入】

老妈和媳妇同时掉河里，假设妈妈和妻子都不会游泳，你先救哪个？妈妈还是妻子？

选择救妻子？

妈妈说：老婆可以有很多个，但妈就一个啊！你是不是娶了老婆就不要妈啦！

选择救妈妈？

老婆说：你妈能陪你过一辈子吗？答案是NO！我才是和你过一辈子的人。

一、婆媳关系现状

屋檐下有一个女人，就是"安"字；屋檐下若是有两个女人，就有可能难以安宁，这两个女人就是婆婆和媳妇。每家每户的屋檐下，都有很多婆婆和媳妇的故事，有的开开心心，有的磕磕绊绊，有的温馨平和，有的争吵不休。

【动感小课堂】

组讨论：婆媳相处常见问题

婆媳相处常见主要问题有：

（1）孩子问题；

（2）情感问题；

（3）习惯问题；

（4）人情问题；

（5）心理相容问题。

【案例分享】

女儿和媳妇的区别

一位婆婆对邻居说：我那个儿媳妇，好吃懒做，睡到中午，家事也不做，饭还让我儿子送到房间给她吃，真是太过分了。

邻居反问她：你女儿嫁的还不错吧？

那位婆婆说：对啊，过得很幸福呢，大家都对她很好，也不用做家事，假日到处去玩，平时可以睡到中午，女婿还会煮东西送到房间给我女儿吃呢！

在家庭中，两代人之间最明显和最常见的矛盾和冲突，出现在婆媳关系上。从古至今，无论中外，婆媳关系一直是困扰许多家庭的难题。日本有一位著名律师曾说如果谁能想出一个绝妙的解决婆媳关系的办法，应该授予他诺贝尔奖。另外，婆媳关系在家庭成员关系中占有重要的位置，一个家庭如果婆媳关系不好，则家无宁日。

二、婆媳关系失调的根源

"百年修得同船渡，千年修得同枕眠，万年修得好公婆"，形象地说明了好的婆媳关系的来之不易。婆媳关系失调的根源有哪些？

（一）婆媳关系的特殊性

婆媳关系既不是婚姻关系，也不是血缘关系，而是以这两种关系为中介形成的特殊关系。婆媳关系既没有血缘关系的稳定性，也没有婚姻关系的亲密性，这种特殊的关系造就了先天的不足。

（二）利益分歧

婆媳同在一个家庭，都有让家庭幸福和睦的意愿，有利益一致的方面，但常常也有家庭事务管理权、分配权等方面的分歧。婆婆做了几十年的内当家，现在要把权力移交给媳妇，儿子以前都是自己管，听自己的话，现在要交给媳妇了。这种角色的转变，往往很多婆婆没有适应。

（三）生活习惯、背景不一致

婆媳来自不同的家庭，双方在生活习惯、习性，对饭菜的口味等这些细节不一致。如果双方不能很好地互相接纳、理解，很容易出现关系紧张的局面。

（四）婆媳之间的中介做得不好

婆媳关系中，儿子作为中介，起到润滑剂的作用。如果这个中介处理问题的水平比较高，就能很好地协调双方的关系。

【动感小课堂】

小组讨论：婆媳相处之道

分角色讨论，把学生分成儿子组、媳妇组、婆婆组，分别按照三组角色讨论，在婆媳关系中，儿子、媳妇、婆婆应该怎么做？

三、婆媳相处之道

（一）做好儿子、媳妇、婆婆的角色

1. 好儿子

丈夫要找准自己的角色，面对老妈是儿子，面对媳妇是老公，别乱了阵脚。

不偏袒，谁错了去批评谁，当然不能当着另一个的面去说。

做中介，透漏双方的喜好、习惯。

主动帮媳妇分担家务。

承担起一个男人应负的责任，做儿子、做丈夫、做爸爸。

男人在对待老婆和老妈时不要厚此薄彼。

……

2. 巧媳妇

不能拿妈妈的标准去要求婆婆。

在婆婆面前，尊重老公，但不要在婆婆面前和老公过分亲热。

耐心听她唠叨，陪她谈心。

把婆婆的健康挂在心上。

和老公吵架不让婆婆知道。

尊敬婆婆，耐心听取她的意见和建议。

不要在婆婆面前使唤老公。

多关心体贴婆婆的日常生活。

在空闲的时候分担婆婆的家务。

媳妇要懂得报恩，懂得婆婆的辛劳，休息的时候，和婆婆一起去买菜、一起做饭、一起搞卫生、一起带孩子、一起晒衣服，也是一件快乐的事。

在孩子教育的事情上，学会沟通，尊重老人的观点。

……

3. 好婆婆

不摆架子；

不偏心；

不啰唆；

不守旧；

在家务方面不提过高要求；

在任何情况下都不要用非沟通性的语言与儿媳对话，包括直接攻击、旁敲侧击和背后说坏话；

尊重私人空间；

不重男轻女；

……

婆媳关系不和睦，很大的程度上是两人的社会经历不同所导致，不同的成长环境塑造了不一样的价值观。为此想要达到和谐就必须要有一颗包容的心，这种包容是双方的。但作为儿媳更应该主动去理解婆婆，尝试着站在婆婆的角度去看待问题，将自己放在婆婆的位子上，设想你会如何做选择？如果你能这样做，那么生活中的很多问题都能够迎刃而解。生活就是如此，即使是最亲近的血脉关系也时常会有矛盾，媳妇作为一个陌生人，想要融入一个全新的家庭，有不和谐是正常事情，但关键是要积极去应对。

（二）婆婆眼中好儿媳的 5 个标准

1. 先不说孝不孝顺，最起码懂得尊重老人

尊重公婆的日常起居，尊重公婆的自我选择，尊重公婆的心理空间，尊重应该尊重的。你尊重公婆，他们也会尊重你，从而宠爱你。

2. 好好爱丈夫，珍惜家庭的幸福

好好爱丈夫是理所当然的。要真心对待丈夫，要细心照顾丈夫，要忠诚爱护丈夫，要珍惜爱情婚姻家庭的幸福。

3. 会做家务，即使很少做

很多媳妇认为少做家务没什么大不了，因为公婆愿意帮忙。然而，什么家务都不做或者不会做，问题就大了。公婆肯定会这样想：哪天我们都没了，这样的媳妇能打理好这个家吗？

4. 有自己的工作

媳妇应该和丈夫携手奋斗，至少得有一份自己的工作，不管工作好坏。

5. 睦邻友好，不与人树敌

媳妇是家庭重要的交际主人，得好好处理与邻居的关系。要是媳妇与邻居为敌，不愉快的不仅仅是邻居，不仅仅是媳妇，还有公婆。也就是说，媳妇是整个家庭的代表，马虎不得。

家家都有本难念的经，岂是三五事能列举得全的，但人与人相处最重要的就要有一颗包容的心。婆婆和媳妇之间也一样，只要你真诚对待别人，她也会好好对你，彼此体谅，相互尊重，家庭和睦才是正解。

【延伸阅读】

有关婆媳的影视剧作品

《媳妇是怎样炼成的》

《媳妇的全盛时代》

《双面胶》

《我的野蛮婆婆》

《媳妇的眼泪》

《麻辣婆媳》

《婆家娘家》

《看了又看》

《人鱼小姐》

《可爱的你》

《媳妇的美好时代》

【核心小结】

1. 婆媳媳关系的现状、失调原因、相处之道。

2. 做一个人见人爱的"巧媳妇"。

甜蜜女性·牡丹花

家庭理财

【学习目标】

◎了解理财知识，树立正确的理财观念。

◎掌握消费、保障、投资理财的方法。

◎了解基本保险知识。

【课程导入】

如果有一天你突然彩票中大奖？你想怎样来花这些钱？

【案例分享】

有这样的一些人，他们原本很贫穷，靠上帝的眷顾成了富翁，但他们没有把握住自己，不幸让自己再次成为穷人。

66岁的英国男子乔·约翰买彩票中了1 000万，可是由于生活极度奢侈，加上投资失利，10年间败光了所有积蓄，妻离子散最后只能住在贫民窟里孤独终老。

突如其来的小乐透头奖两千多万（新台币，下同）奖金，让在台北以开出租车为生的黄荣源仿佛置身天堂，但挥金如土地花钱，让他不到两年时间，又重新跌落"凡间"。这一摔花了六年时间才站起来，他现在只能靠着临时工作生活。

他们曾经都是有钱人，但为何短短几年又回到原点？他们缺少什么？

一、什么是理财？

理财就是管钱，"你不理财，财不理你"。收入像一条河，财富是你的水库，花钱如流水。理财就是管好水库，开源节流。

（一）理财的三个环节

1. 攒钱

人不仅要挣钱更重要的是要会攒钱。比如公司经营不好，老总要削减开支，给你两个选择，第一是把你开除，补偿两个月工资，第二是把你一千元的工资降到九百元，你能接受哪个方案？99%的人都能接受第二个方案。给自己做个强制储蓄，发下钱后直接将10%的钱存入银行，不迈出这一步，你就永远没有钱花。

2. 生钱

要善于利用基金、股票、债券等理财工作，让钱生钱。

3. 护钱

生钱就像打一口井，为你的水库注入源源不断的水源，但是光打井还不够，要为水库修个堤坝，为可能面临的意外做准备。

总结来说，理财要以管钱为中心，攒钱为起点，生钱为重点，护钱为保障。

以上理财的三个环节就是今天我们要探讨的三个问题：消费理财、投资理财和保障理财。

（二）理财的重要性

在国外，理财教育一般都是从娃娃抓起的，比如在美国，在小学有着明确的理财教育目标，如 7 岁要能看懂价格标签，8 岁要知道存钱，9 岁能制订开销计划，等等。

现在，好工作并不好找；房价越来越高，甚至贷款都买不起；结婚一下就得消费数万元；生个孩子每月光奶粉钱就得几千元；好多同学是独生子女，不得不单独承担赡养老人的义务。一切的一切都需要你有足够的资金去解决衣食住行的问题，去防范可能存在的生活风险。怎样才能做到呢？我们无法控制房价的高低、医疗费用的增减，唯一能控制的是自己的资金。通过理财你就可以做到。理财可以为大家创造更多的财富，提高我们的幸福指数。

二、消费理财，你是"月光族"吗？

"月光族"是网络流行词，指将每月赚的钱都用光、花光的人，"富，富不过 30 天；穷，穷不了一个月"，是对他们最生动的写照。在同学当中，这样的人多吗？

我们来做一个小调查，你的生活费一个月是多少？

300 元以下；

400~500 元；

500~600 元；

600 元以上。

你们是如何支配这些钱的？

我们离开父母，进入大学，每月有了固定的生活费，手中的钱多了起来，开始了自己支配金钱的生活，但却往往感到不知所措。同学当中很多人没有树立正确的消费观念与理财观念，在前半个月花钱大手大脚，导致后半个月过上了节衣缩食、无钱可用的日子，这就是典型的不会理财的表现。

【动感小课堂】

设计理财方案：根据上述情况，为范丽设计理财方案。

理财对象：范丽。

收入：每月生活费 500 元，兼职收入 300 元，额外收入奖学金（不固定）。

支出：伙食（含水果、零食）500 元，电话费 50 元，网费 25 元，日用品 60 元，其他消费 150 元。

我们把范丽的收入和支出做成现金流量表：

现金流量表

收入		支出	
项目	金额/元	项目	金额/元
生活费	500	生活开销	伙食（含水果、零食）：500
			电话、网费：50+25＝75
			日用品：60
兼职	300	其他消费	150
合计	800	合计	785
结余		15	

一、理财目标

（1）满足自己正常的生活需要并保证生活质量。

（2）有部分节余，可以有初始资金进行一些理财投资，从而能够早点步入金融领域。

（3）理财规划使自己树立正确的消费观和合理的理财观，并能够使自己对财富的控制和管理能力得到大幅提高。

二、详细目标

（1）在大三上学期，可以自己支付专升本报名、培训的费用 1 000 元。

（2）在毕业后自己购买一套职业装。

三、制订理财计划

根据范丽同学的日常消费可以看出，她对自己的生活费几乎没有计划，如果没有兼职，父母给的生活费就不够。所以我们在不影响她生活质量的前提下，对她的生活费进行如下规划：

（1）建立账本，对消费的每笔费用都认真记录。

（2）生活费用规划到每一天。经过跟范文丽同学了解，她一个月外出兼职 8 天，这 8 天的饭由用人单位负责。她只需支出 40 元路费。根据食堂的价格，学校周边水果、零食价格，这些每天控制在 20 元内，减去 8 天兼职，一个月伙食费就是 440 元，电话费、网费、日用品不变，省去其他开支费用，共支出 575 元。

（3）每月结余 225 元。

（4）新开一张银行账户，每月存入 50 元作为应急准备金。每个月存 150 元作为专升本的学费及职业服装费用，2 年可以存 3 600 元。

（5）如能获得奖学金，根据我们现在所能承受的风险，可以买基金定投。

因此调整之后，其现金流量表为：

现金流量表

收入		支出	
项目	金额/元	项目	金额/元
生活费	500	生活开销	伙食（含水果、零食）：440
			电话、网费：50+25＝75
			日用品：60
兼职	300	其他消费	0
合计	800	合计	575
结余	225	每个月存 50 元风险金	150 元存专升本费用及职业套装费用

根据以上案例我们可以归纳消费理财的几个建议：

第一，记录每笔开支，明确资金的流动情况。

根据调查，大学生大多没有记账的习惯，大多是有多少花多少，"月光"现象非常普遍。不管是在学生时代还是以后我们成家了都应该要有自己的"账簿"，遵循"量入为出"的原则，为自己的消费作一份详细的计划，每月编制"预算"，严格按预算执行。而月末作一次"小结"，将实际消费和计划进行核对，弄清楚超支和节约情况，以区别哪些是必要支出，哪些是可控支出，以便调整下月的计划，但不要将所有的收入都列入计划，整个计划应留有一定的余地。

第二，设立只存不取账户，储存风险金。

学生可以开一个个人储蓄账户，采用跟银行约定的零存整取的方式，每月定期从生活费中拿出几十元存入银行，这样一学期下来也有百来元的结余。这种方式对存钱有一定约束力，也有利于养成节俭的好习惯。以后我们有了家庭，也必须在收入中抽取 10%～20% 的钱作为家庭风险金。应付紧急突发的事件，这笔钱是不可以随意用的。

第三，新"节俭主义"。

换季打折再买衣服；

不到高档餐厅喝下午茶；

不选择在"黄金周"出游，利用带薪休假的时间出游，买折扣机票；

选择团购产品；

超市搞促销活动时储备日用品；

在家里宴请朋友等。

三、投资理财 如何赢得人生的"第一桶金"

【案例分享】

第二届校园十星"创业之星"——饶垚

从踏入大学的那一刻，小小的她心中已怀揣着大大的创业梦想。为了心中那个炙热的梦，她不畏艰辛，四处找寻兼职，做过服务员、销售员、发单员、车间工人，流过汗，淌过泪，想过放弃，但在梦想面前，一切都显得微不足道，终于用自己的努力换来了人生第一桶金。而后，她开始与志同道合的朋友深入调查大学城的市场，敏感地发现大学生对职业装存在巨大的市场需求，但是却难以在大学城找到合适的商家购买，供求失衡里蕴藏着巨大的商机，于是她紧紧地抓住了学校创业园的创业的平台，成功投下创业园 12 号店铺，创立"优客非凡"——为大学生打造专属的职业设计间。为了省钱，她和她团队自己设计广告牌、名片、宣传单，装修店铺，亲自寻找物美价廉的货源、了解市场价格、构建自己的销售团队和代理团队，等等，"优客非凡"在第一个月就收回了成本。

【动感小课堂】

讨论：这个饶垚为什么能够创业成功？

投资理财的技巧如下：

第一，要"攒"投资本钱。本钱从哪里来呢？很多时候就靠我们平时攒。当然作为大学生的我们也有很多开源的方式，比如奖学金、做兼职。饶垚的投资本钱是通过做服务员、销售员、发单员、车间工人等辛苦获得的。

第二，尝试股票、基金、证券、黄金等投资。我们可以通过各种媒体和银行的宣传了解相关理财知识，并且可以去旁听财务管理课程来学习股票、基金、证券、黄金等投资理财知识和能力。我们成家后，随着子女年岁的增长，还要考虑教育基金的需要等。

第三，不要把鸡蛋放在同一个篮子里，规划好负债。

【案例分享】

小刘老师的做法是否可取？

小刘是一个老师，工资 4 000 元左右。他按揭贷款买了一套房，每个月供 2 300 元。他在享受有房一族的心理安慰的同时，生活质量却大大下降，不敢轻易换工作，不敢娱乐、旅游，害怕银行涨息，担心生病、失业，更没时间好好享受生活，这种改变不是只持续一年半载，而是漫长的 15 年！

通过总结小刘老师的做法，我们可以总结出以下方式来规避与他同样的问题。

（1）贷款金额量入为出。通常月收入的 1/3 是房贷按揭的一条警戒线，越过此警戒线，将出现较大的还贷风险，并可能影响生活质量。个人的贷款金额不要超过本人的经济偿还能力，避免每期还款金额过高，压力过大，给按时、足额还款造成影响。

（2）根据能力把握期限。许多人认为，贷款期限越短越合适，其实不然，要综合考虑通货膨胀、自身还款能力。从总体上看，期限长的累计利息要多于期限短的，是因为资金占用时间长，所以说贷款合适与不合适与期限长短关系不大，关键取决于月还款能力。

（3）适度提前还款。当手头有一部分富余资金后，有许多人喜欢提前还款，或许这不是最优选择。建议将这部分资金进行简单资产规划，以保值增值为目标，以投资收益抵消贷款利息支出。万一有急需，还可以应急用。因为房屋按揭贷款是一次性贷出，分次归还，如果你提前还了一部分，以后再想贷款出来就相当困难了。

四、保障理财 今天你买保险了吗？①

【案例分享】

为何要买保险

小李是一个来自农村的学生，家庭非常贫困。今年春季下雨的时候，他不小心受伤摔倒，骨折，住院动手术花了 1 万多元。对于他的家庭经济情况而言这是一笔很大的支出，但幸好小李同学购买了农村医疗保险及学校的学生意外保险，可以报 8 成的医药费。

学校学生购买 30 元的保险是以自愿为原则的。对于大学生医保 30 元的参保费，也许只是同学们少上几次网，少玩几次游戏就可以购买的，但事实是正因为大学生风险意识、保险意识薄弱，很多同学没有或不愿意购买，一旦风险降临，他们往往陷入束手无策之地。未雨绸缪——购买保险就是抵御风险很好的办法。

家庭没有相应的保险，心里不踏实，但是不是保险越多越好呢？虽然保险多，保障也多，但必须考虑的一个因素就是投保是需要成本的，所以投保并不是越多越好。家庭投保的根本原则就是以尽可能小的代价获得较全面的家庭保险。下面具体介绍一些家庭保险的基本原则。

（一）量力而行

量力而行的原则就是购买保险的投入必须与家庭的经济状况相适应。首先，您必须了解您家庭现在的收入水平，并预估未来的收入能力，在此基础上，您就知有什么可分配的资金用来购买保险（许多专家推荐保险支出占收入结余的 10%～30%）。这样，才能确保您的保险不会出现无力支付而遭受损失的情况，也不会出现保险投资比率不足的情况。

---

① 威斯金. 从零开始读懂投资理财学 [M]. 北京：北京台海出版社，2018.

（二）按需选择

按需选择原则就是根据家庭所面临的风险种类选择相应险种。现在针对家庭/个人的商业险种非常之多，并不是每个都适合。您必须识别家庭所面临的风险，根据风险种类和发生的可能性来选择险种。例如，家庭中男主人是主要收入者，并且从事比较危险的工作，如高空作业，则此家庭的首要保险可能就是男主人的生命和身体的保险。

（三）优先有序

优先有序的原则就是重视高额损失，自留低额损失。确定保险需求的首要考虑是风险损害程度，其次是发生频率。损害大、频率高的损害优先考虑保险。对一些较小的损失，自己家庭能承受得了的，一般不用投保。实际上保险一般都有一个免赔额，低于免赔额的损失保险公司是不会赔偿的，所以，需放弃低于免赔额的保险。

（四）合理组合

合理组合原则就是把保险项目进行合理组合，并注意利用各附加险。许多保种除了主险外，都带了各种附加险。如果您购买了主险种，如果有需要，可顺随也购买其附加险。这样的好处是：其一，避免重复购买多项保险，例如，购买人寿险时附加意外伤害险，就不需要再购买单独的意外伤害险了，一张保单就可搞定，省事；其二，附加险的保费相对单独保险的可能较低，可节省保费。所以综合考虑各保险项目的合理组合，既可得到全面保障，又可有效利用资金。

理财对一个人的一生影响十分巨大，通过理财有助于实现财富积累、实现自身价值和投资目标，尤其是我们大学生，毕业后要面临就业、买房、结婚、生子及一系列事情，没有科学、合理的理财，我们的生活肯定会受到或多或少的影响。管好你的每一分钱，再做到钱能生钱，再做到钱能生钱，能让你在有限的物质财富下享受生活的无穷乐趣。

【核心小结】

1. 消费、保障、投资理财。

2. 以管钱为中心，攒钱为起点，生钱为重点，护钱为保障。

3. 你不理财，财不理你。

甜蜜女性·莲花

妇女与法律

【学习目标】

◎女性相关法律的基本内容。

◎女性权益的维护。

◎女性家庭权利的维护。

【课程导入】

谢某与宋某是继母女关系，宋某与同村的许某从小一起长大，逐渐产生了感情。谢某的儿子张某 27 岁仍未成亲，经媒人介绍与邻村一位姑娘谈对象，但女方的父母向谢某索要彩礼 8 000 元，才答应将女儿嫁给张某。张某交不起这笔彩礼，为此，张某与谢某都很着急。同村蔡某曾托人向谢某提亲，请求谢某将女儿嫁给自己，遭到宋某的拒绝，此次得知谢某急于用钱，即又托媒人向谢某提亲，表示若这门亲事能成，可送给谢某彩礼 2 万元。于是谢某不问宋某是否同意即满口答应。此后谢某与其子对宋某紧紧相逼，要宋某嫁给蔡某。宋某为摆脱家庭压力，经与许某商量决定立即结婚，婚后共同往福建做工。谢某得知此事后，叫儿子到许某家，威胁许某，不准许某与宋某结婚，并将宋某锁在家中不让其外出。夜间宋某破窗逃往许某家，谢某母子在许家大吵大闹，把许家的锅、大门等打烂，迫使宋某随其回家，回家后谢某又指使其子将宋某捆绑锁在家中，强迫宋某与许某断绝来往，并答应与蔡某成亲，宋某拒不答应。5 天之后，许某带派出所的干警前往解救，宋某才得以出来，宋某出来后即到人民法院起诉。

【动感小课堂】

讨论：上述案件中，宋某起诉的理由和法律依据是什么？

婚姻自由是《中华人民共和国婚姻法》（简称《婚姻法》）确立的一项基本原则，也是我国宪法赋予公民的一项基本权利。这项权利是受法律保护的，任何人不得侵犯。《婚姻法》明确规定，实行婚姻自由、一夫一妻、男女平等的婚姻制度。婚姻自由包括结婚自由和离婚自由。结婚自由是指婚姻当事人有依法缔结婚姻关系的自由，即婚姻当事人要与谁结婚，完全应由其本人做主，任何人都无权干涉，如有人干涉，将会受到法律应有的惩罚。本案中，谢某非法干涉女儿婚姻自由，对女儿进行捆绑、拘禁，限制宋某的人身自由，情节严重，已构成犯罪。

婚姻和家庭是人类社会关系中的一种特定形式，是人类社会发展到一定阶段的产物。对于社会来说，婚姻是人类社会生活中必要的组成部分，家庭是构成社会组织的基本单位；对于个人来说，婚姻是人生道路上重要的内容。婚姻的成败，对个人的生活、事业、家庭有非常重要的影响。婚姻家庭对于女性有着特殊的意义，成功的女性，很大部分源于成功地经营了自己的婚姻家庭。

一、从我国的《婚姻法》变迁看妇女家庭权利变迁

（一）1950年颁布了中国第一部《中华人民共和国婚姻法》

该法第一次明令禁止重婚、纳妾，结束了中国历史上一夫多妻的习俗；反对包办婚姻，提倡和保护自由恋爱、择偶的权利；允许离婚，禁止干涉寡妇婚姻自由；离婚后，哺乳期后的子女，如双方均愿抚养而发生争执时，由人民法院根据子女的利益判决。离婚时，除女方婚前的财产归女方所有，其余家庭财产如何处理由双方协商决定。

（二）1980年9月10日第五届全国人民代表大会第三次会议通过新的《中华人民共和国婚姻法》

该法规定实行婚姻自由、一夫一妻，男女平等的婚姻制度，禁止重婚。

（三）2001年4月28日，第九届全国人民代表大会常务委员会第二十一次会议通过修改的《中华人民共和国婚姻法》

1. 首次承认妇女的隐性贡献

该婚姻法规定，夫妻离婚时，一方因抚育子女、照料老人、协助另一方工作等付出较多义务的，有权向另一方请求补偿，另一方应当予以补偿。这是对处于弱势的妇女的保护。

2. 隐藏财产离婚后还可分割

该婚姻法规定，重婚、有配偶者与他人同居、实施家庭暴力、虐待遗弃家庭成员的4点要作损害赔偿。夫妻离婚时一方隐藏、转移、变卖、毁损夫妻共同财产，离婚后另一方又发现了，可以向法院起诉，请求再次分割，这是很公平的。

3. 追加家庭暴力犯罪者的刑事责任

修改后的婚姻法在总则中明确规定，禁止家庭暴力。禁止家庭成员间的虐待和遗弃。实施家庭暴力或虐待家庭成员，受害人有权提出请求，居民委员会、村民委员会及所在单位应当予以劝阻、调解。对正在实施的家庭暴力，受害人有权提出请求，居民委员会、村民委员会应当予以劝阻；公安机关应当予以制止。实施家庭暴力或虐待家庭成员，受害人提出请求的，公安机关应当依照治安管理处罚的法律规定予以行政处罚。

修改后的婚姻法规定，对实施家庭暴力构成犯罪的，依法追究刑事责任。受害人可以依照刑事诉讼法的有关规定，向人民法院自诉；公安机关应当依法侦查，人民检察院应当依法提起公诉。实施家庭暴力导致离婚的，无过错方有权请求损害赔偿。

4. 过错赔偿原则

因重婚，有配偶者与他人同居，实施家庭暴力，虐待、遗弃家庭成员等原因导致离婚的，无过错方有权请求损害赔偿。夫妻书面约定婚姻关系存续期间所得的财产归各自所有，一方因抚育子女、照料老人、协助另一方工作等付出较多义务的，离婚时有权向另一方请求补偿，另一方应当予以补偿。

【动感小课堂】

头脑风暴：从上述变迁可以看出，我国的婚姻法对女性的保护的哪些改变？你从中感受到了女性受到了哪些方面的保护？

二、婚姻家庭权利

（一）婚姻家庭权利的概念

所谓婚姻家庭权利，是指婚姻当事人及家庭成员在婚姻家庭关系中依法享有的权利。

这些权利是基于特定关系而产生的，如夫妻关系、父母子女关系等。不因主体的性别有所区别，家庭成员的法律地位是平等的。

妇女婚姻家庭权利，是指妇女在婚姻家庭关系中依法享有的权利。

（二）妇女权利的内容

1. 婚姻自由

妇女的婚姻是完全自由的，不受任何人、事的干预。这包括恋爱自由、结婚自由、离婚自由、同居自由、性取向自由。狭义的婚姻自由仅仅是指结婚自由和离婚自由。

结婚自由：是否结婚；和谁结婚，任何人不得干涉——重要方面。

离婚自由：从社会利益衡量利弊得失，这种自由是建立在他人的利益之上，这些人通常包括配偶、子女、纳税人乃至整个社会——重要补充。

所谓的包办婚姻、买卖婚姻、指腹为婚都是不符合法律要求的——婚姻自由的必然要求。

任何权利都必须在法律框架下行使，婚姻自由不是绝对的，是相对的，这个自由，只有在合法的前提下，才是真正的自由。我国《婚姻法》明确规定了结婚的条件和程序，离婚的条件和程序。这些规定就是婚姻问题上的合法与违法的界限。对于追求什么样的目的，出于何种动机，只是道德领域的问题。因此而产生的订婚、婚约、同居、同性恋、双性恋等不受法律的保护。尤其是当前很多年轻人采取了同居的方式来解决情感和婚姻的问题。

同居问题虽然法律不予以干涉，但法律也不予以保护。同居期间产生的财产、子女的抚养、相互的扶养是不享受合法夫妻应该享受的权益的。所以，同居的时候，在考虑情感的同时，也必须考虑好财产的保护和子女的抚养问题。

婚姻自由的相对性排除了同性恋婚姻。同性恋是一种复杂的人类社会问题，历史上早就存在，随着社会的开放和婚恋观念的多元化，逐渐进入学术讨论范畴，其存在具有客观性。

但就当前的社会观念而言，同性恋并不是主流。

2. 权利平等

妇女在婚姻中的权利平等包括：夫妻各自享有独立的人格和尊严，对家庭事务共同协商；夫妻双方在家庭中的权利和义务是平等的。

（1）独立的姓名权，指妇女在婚姻家庭中，有使用自己姓名的权利。姓名是体现每个公民个人的亲属团体从属和本身个性的一种符号，其由姓氏和名字两部分组成。姓氏表明公民的家族血缘团体；名字则是公民本身的特定符号和标记，二者的组合，构成姓名的完整内容。可见，姓名表示着个人与群体之间的内在联系，具有重要的社会功能和丰富的内涵。

在法律上，姓名使某公民与其他公民区别开来，从而便于参加各种社会活动，行使法律赋予的各种权利和承担相应的义务。根据《中华人民共和国民法通则》的规定，公民的姓名权，是指公民决定、使用和依照法律规定改变自己姓名的权利。具体而言，姓名权包括姓名决定权、姓名使用权、姓名变更权和禁止他人干涉、盗用、假冒的权利。

【动感课堂】

讨论：香港的女性冠夫姓的现象

（2）人身自由权，指妇女在婚姻家庭中有参加生产、工作、学习和社会活动的自由，任何人不得加以限制和干涉，即妇女有自己的生活圈子。

夫妻人身自由权，指已婚夫妇参加社会活动，进行社会交往，从事社会职业的权利。我国法律赋予了夫妻双方以充分平等的身份参加生产、工作、学习和社会活动的自由和权利。夫妻人身自由权是夫妻人身关系中重要的组成部分。我国法律赋予了已婚妇女充分的平等的人身自由权，为实现真正的男女平等、夫妻家庭地位平等提供了法律保障。

（3）夫妻共有财产的平等所有权。夫妻在婚姻关系存续期间所得的财产，归夫妻共同所有，夫妻对共同所有的财产，有平等的处理权。妻子对夫妻共同财产享有与丈夫平等的占有、使用、收益和处分的权利。丈夫未经妻子同意，不得擅自处分除日常生活所需财产以外的夫妻共同财产。

（4）要求扶养权，指妻子享有要求丈夫扶养的权利，当丈夫不履行扶养义务时，需要扶养的妻子有要求丈夫给付扶养费的权利。确立夫妻间扶养的权利和义务，其立法宗旨是维护婚姻关系的稳定，保护夫妻双方的合法权益。

（5）遗产继承权。《婚姻法》明确规定夫妻有相互继承遗产的权利。夫妻是指夫妇或配偶，在一方死亡时彼此具有合法婚姻关系的男女双方。合法的夫妻，不包括同居的男女双方。婚姻关系存续期间，丈夫死亡，妻子有权以配偶身份作为第一顺序法定继承人继承丈夫的遗产。

（6）生育权，指妇女有按照国家计划生育政策的有关规定生育子女的权利，也有按照个人意愿不生育子女的权利。

（三）妇女家庭权利的其他主要内容

（1）母亲对未成年子女享有与父亲平等的监护权。父亲死亡、丧失行为能力或者有其他情形不能担任未成年子女的监护人的，母亲的监护权任何人不得干涉。离婚时，女方因实施绝育手术或者其他原因丧失生育能力的，处理子女抚养问题，应在有利子女权益的条件下，照顾女方的合理要求。子女不履行义务的，无劳动能力或生活困难的母亲，有要求子女给付赡养费的权利；母亲有权作为第一顺序法定继承人继承子女的遗产。

据有关部门的调查，流浪儿童的问题没有得到根本解决。这些流浪儿中父母离异或单亲家庭父亲（或母亲）再婚的占绝大多数，也有一些孩子因学习压力过大或家庭教育方式简单粗暴而离家出走。父母作为最初的启蒙教师的不负责，是使儿童流落街头的最主要的原因。由于现行《婚姻法》对于父母对子女权利义务的规定过于简单，造成父母或者过于溺爱子女，或者过于严厉，或者放任自流，或者遗弃女婴；而离婚父母或者争抢子女，或者双方均丢弃子女不管，致使子女身心发育不正常，造成青少年精神疾病患者大幅度增加，青少年犯罪现象增多。鉴于此，为了保护儿童特别是女童的合法权利，使儿童能够健康成长，相关法律明确规定父母对子女平等的亲权和监护的权利和义务，十分必要且刻不容缓。

（2）离婚妇女对未成年子女的探视权，任何人不得阻挠。父母与子女间的关系，不因父母离婚而消除。离婚后父母对于子女仍有抚养和教育的权利与义务。因此，在将监护权判给男方的情况下，法律赋予了妇女探望子女的权利。

（3）父母不履行抚养教育义务时，未成年的或不能独立生活的女儿，有要求父母给付抚养费和教育费的权利；女儿有权作为第一顺序法定继承人继承父母的遗产。

（4）对于父母已死亡或父母无力抚养的未成年的女性，有负担能力的兄、姐，对其有扶养的义务；兄弟姐妹之间作为第二顺序法定继承人有相互继承遗产的权利。如无第一顺序的法定继承人——配偶、子女、父母，妹妹有权继承兄、姐的遗产，反之亦然。

（5）有负担能力的祖父母、外祖父母对于父母已经死亡的未成年的孙女、外孙女，有抚养的义务；有负担能力的孙女、外孙女，对子女已经死亡的祖母、外祖母，有赡养的义务。祖母、外祖母有权作为第二顺序的法定继承人继承孙子女、外孙子女的遗产，孙女、外孙女在其父母先于祖父母、外祖父母死亡时，有权作为代位继承人继承祖父母、外祖父母的遗产。

三、妇女婚姻家庭权利的法律保护

（一）妇女婚姻家庭权利保护的相关法律法规

保护妇女婚姻家庭权利的目的就是提高妇女的家庭地位，保障妇女对家庭资源的占有及分配，体现家庭内的性别平等。

目前我国保护妇女婚姻家庭权利的法律渊源主要有《中华人民共和国宪法》（简称《宪法》）、《中华人民共和国刑法》（简称《刑法》）、《中华人民共和国民法典》婚姻家庭编、《中华人民共和国妇女权益保障法》（简称《妇女权益保障法》）和地方性规章、政策。

一是《宪法》，作为国家根本大法，明确了男女平等，赋予广大妇女享有与男子平等的婚姻家庭权利。

二是《刑法》，它从打击、惩罚犯罪的角度，明确规定禁止侵犯妇女的婚姻家庭权利。

三是《妇女权益保障法》，这是我国第一部以妇女为主体，以全面保护妇女合法权利为主要内容的基本法，明确规定了妇女的婚姻家庭权利。强化了对妇女婚姻家庭权利的法律保障。强调国家保障妇女享有与男子平等的婚姻家庭权利，保护妇女的婚姻自主权，生育权以及婚姻家庭生活中的人身权利与财产权利。

四是地方的规章、政策，也是保护妇女婚姻家庭权利的法律渊源之一。

以上这些法律、法规和政策，构成了我国保护妇女婚姻家庭权利的法律体系，在社会的发展中为实现男女平等，切实提高妇女地位发挥了积极的推动作用。

（二）法律对妇女婚姻家庭权利的一般保护

1. 保护妇女的婚姻自由权

根据《民法典》的规定，禁止任何单位或者个人干涉妇女结婚、离婚自由。禁止利用封建迷信、家族关系等形式侵害妇女的婚姻家庭权益。禁止包办、买卖婚姻和变相买卖婚姻、借婚姻索取财物以及其他非法干涉妇女婚姻自由的行为。

包办婚姻是指第三者（包括父母）违背当事人的意愿，强制其结婚或离婚的违法行为。买卖婚姻是指第三者（包括父母）以索取大量财物为目的，包办强迫他人婚姻的违法行为。这两种非法婚姻往往表现为以女儿换儿媳的转亲、换亲等方式，有些地区还保留着订童婚、抱童养媳等现象。其他干涉婚姻自由的行为，则是法律对包办、买卖婚姻以外的各种非法干涉结婚自由、离婚自由的违法行为的总称。例如，父母阻挠子女婚事、干涉丧偶妇女再婚、子女干涉父母再婚、干涉他人离婚或复婚等。借婚姻索取财物是指除买卖婚姻以外的其他借婚姻索取财物的行为。如男女双方自主自愿结婚，但一方却向另一方索要许多财物，以此作为成婚的先决条件。男女双方之间，以及一方对另一方的父母，出于自愿的赠予是完全合法的。假若借婚姻骗取财物则超出了借婚姻索取财物的范围，可根据具体情况以诈骗罪承担刑事责任。对于侵害妇女婚姻自由权的处置，在刑法中明确规定"以暴力干涉他人婚姻自由的，处二年以下有期徒刑或者拘役。犯前款罪，致使被害人死亡的，处二年以上七年以下有期徒刑"。

2. 保护妇女的生育权

生育权作为一个法律概念，在现代社会有着特殊的含义，妇女生育权的实现与社会经济的稳定增长和持续发展有着密切的联系。必须运用法律的和必要的行政手段，通过物质利益的导向作用，来保护、影响并引导人们的生育行为。目前，各国法律对生育的问题存在有两种态度：其中一种态度是生育是完全自由的，生不生、生多少、跟谁生，都是当事人自己的事情。任何人不得以生育女婴或者不生育为由迫使妇女离婚。

因为妇女在怀孕、分娩和哺乳子女等方面承担着巨大的责任、义务和风险，法律赋予女性生育权，并尊重妇女的生育权，保护妇女的生育健康。《妇女权益保障法》明确地规定了妇女有按照国家有关规定生育子女的权利，也有不生育的自由。

妇女在生育、生殖方面享受政府的特殊保护。妇女在怀孕期间不得被辞退或下调工资，不得安排其加班加点，怀孕七个月以上，不得安排其夜班劳动。哺乳期内每天两次哺乳时间，每次 30 分钟，每天这两次时间可以合并为 1 小时使用，经期不参加不利于身体的工作。

3. 保护妇女的姓名权

夫妻双方都有各用自己姓名的权利是姓名权在我国夫妻关系中的具体体现，也是我国法律确认的夫妻人身关系的重要内容。夫妻双方对姓名权的享有并不受婚姻关系的影响。结婚后，双方仍保持各自姓名的独立性，不因婚姻生活的具体环境、双方的职业、收入和彼此间的扶养关系而发生变化。夫或妻各用自己姓名意味着双方平等享有姓名权，并非仅有丈夫或妻子一方享有此权利。在婚姻关系存续期间，夫妻中的任何一方都有权使用或依法改变自己的姓名，他方不得干涉，也不得盗用、假冒。

夫妻姓名权平等的另一体现就是子女可以随父姓也可以随母姓，那种认为子女只能随父姓，不能随母姓的传统的封建思想观念是错误的。2021 年《民法典》第一千零一十五条规定：自然人应当随父姓或母姓。1993 年 11 月 3 日最高人民法院发布的《关于人民法院审理离婚案件处理子女抚养问题的若干具体意见》第十九条规定："父或母一方擅自将子女姓氏改为继母或继父姓氏而引起纠纷的，应责令恢复原姓氏。"从以上司法解释可以看出，除非双方协商一致或子女成年后自己决定姓氏，否则任何一方擅自变更子女姓名的做法是不当的，如果引起纠纷，人民法院将责令恢复原来的姓名。

4. 保护妇女的人身自由

《宪法》和《妇女权益保障法》都明确规定国家保护妇女的人身自由。《宪法》规定，中华人民共和国妇女在政治的、经济的、文化的、社会的和家庭的生活等各方面享有同男子平等的权利。《妇女权益保障法》规定，妇女在政治的、经济的、文化的、社会的和家庭的生活等各方面享有同男子平等的权利。实行男女平等是国家的基本国策。国家采取必要措施，逐步完善保障妇女权益的各项制度，消除对妇女一切形式的歧视。国家保护妇女依法享有的特殊权益。禁止歧视、虐待、遗弃、残害妇女。

夫妻双方都有参加生产、工作、学习和社会活动的自由，一方不得对他方加以限制或干涉。该规定主要是对人身自由权的确定，同时也是对人身自由权的法律保障。所谓生产、工作是指一切社会劳动。这里的学习，不仅包括正规的在校学习，也包括扫盲学习、职业培训以及其他各种形式的专业知识与专业技能的学习；所谓社会活动，指参政、议政活动，科学、技术、文学、艺术和其他文化活动，各种群众组织、社会团体的活动，以及各种形式的公益活动等。这里规定的夫妻人身自由权并不是公民的人身自由权的全部内容，而是与夫妻关系有关的人身自由权的内容，涉及参加生产、工作、学习和社会活动，实际上讲的是妇女参加社会活动、进行社会交往、从事社会职业的权利。由于受"男主外、女主内"传统夫妻关系模式的影响，妇女比男子承担更多的家务劳动，较少参与社会活动，部分妇女在家庭中多处于从属地位，生活依赖丈夫。因此，本条规定虽然对等地适用于夫妻双方，但从立法的针对性来看，主要是保障已婚妇女的上述权利，禁止丈夫对妻子的人身自由加以限制或干涉。妇女的人身自由权，不仅取决于其在家庭中的地位，主要的是取决于妇女在社会中的地位。这一规定的目的在于限制丈夫对妻子人身自由权利的干涉，这是在男女平等的条件下妇女参与社会活动的权利的体现。

此外，妻子在离婚诉讼期间，男方及其亲属不得侵犯和限制女方的人身自由，夫妻关系被依法解除后，任何人不得干扰女方的正常生活。

5. 保护妇女的财产权

当前社会男女两性的经济地位事实上仍存在着很大差距。部分妇女因为养育子女、照顾家庭放弃了原有的职业，这些女性基本没有独立的经济收入，即使职业女性，她们的就业机会和经济收入也有低于男子的。2001年的《婚姻法》修正案规定，以共同财产制作为法定夫妻财产制，以约定财产制为补充，同时对夫妻共同财产的范围作了列举式的规定，并增加了夫妻个人特有财产的规定，同时，对夫妻约定财产制作了较为详细的规定。这实际上有利于保障夫妻中经济能力较弱一方的权益，避免对婚姻家庭生活和社会生活产生剧烈的震荡。

该《婚姻法》规定夫妻在婚姻关系存续期间所得的下列财产，如工资和奖金、从事生产、经营的收益等，归夫妻共同所有。我国的夫妻共同财产制属于婚后所得共同制，即在婚姻关系存续期间，除个人特有财产和夫妻另有约定外，夫妻双方或一方所得的财产，均归夫妻共同所有，夫妻双方享有平等的财产所有权。这里的共同所有指的是共同共有，不是按份共有。因此，妇女对依照法律规定的夫妻共同财产享有与其配偶平等的占有、使用、收益和处分的权利，不受双方收入状况的影响。

妇女对夫妻共同财产的使用、处分权受法律保护。对共同财产的处分，除另有约定以及为日常生活所需财产外，丈夫应当在取得妻子的同意之后进行。夫妻一方未经对方同意擅自处分共同财产的，对方有权请求宣告该处分行为无效，但不得对抗善意第三人。一方因擅自处分行为给配偶造成损失的，应当予以赔偿。因一方擅自处分行为所负的债务，应由该方以个人财产清偿。最高人民法院1993年11月的《关于人民法院审理离婚案件处理财产分割问题的若干具体意见》第十七条规定，一方未经对方同意，擅自资助与其没有扶养义务的亲朋所负的债务；或一方未经对方同意，独自筹资从事经营活动，其收入确未用于共同生活所负的债务，不能认定为夫妻共同债务，应由一方以个人财产清偿。

夫妻离婚时，应当依法分割夫妻共同财产。在分清个人财产、夫妻共同财产的前提下，法院应根据财产的具体情况，照顾子女和女方权益的原则，公平公正地分割共同财产。不得因女方劳动收入少，或者无劳动收入而少分或者不分财产给女方。男方隐藏、转移、变卖、毁损夫妻共有财产，或者伪造债务损害女方权益的，可以少分或不分，离婚后，女方发现男方有上述行为的可以在诉讼时效内有权向人民法院提起诉讼，请求再次分割共有财产。这里的诉讼时效指的是权利人自知道或应当知道权利被侵害时起计算，两年内向人民法院提起诉讼。

在分割夫妻共同财产时，对于生产经营相关的财产、房屋以及知识产权的分割应维护妇女的合法权益。生产经营类财产原则上应作均等分割，但根据生产、生活的实际需要和财产来源等情况，具体处理时也可有所差别。《妇女权益保障法》第四十四条规定国家保护离婚妇女的房屋所有权。夫妻共有的房屋，离婚时，分割住房由双方协议解决；协议不成的，由人民法院根据双方的具体情况，照顾子女和女方权益的原则判决。夫妻双方另有约定的除外。夫妻共同租用的房屋，离婚时，女方的住房应当按照照顾子女和女方权益的原则协议解决。夫妻居住男方单位的房屋，离婚时，女方无房居住的，男方有条件的应当帮助其解决。

6. 维护一夫一妻制的婚姻制度，保护妇女的配偶身份权

一夫一妻制是一男一女结合为配偶的婚姻形式。新中国成立后废除了旧社会中以纳妾为主要形式的多妻制，实行真正的一夫一妻制的婚姻家庭制度。一夫一妻制是以婚姻自由、男女平等为特征的，要求男女双方为保持爱情的专一性和持久性而互相履行相互忠实的义务。但在性解放、性自由等观念影响下，近年来的重婚、有配偶者与他人同居等已成为严重的社会问题，它严重地破坏了一夫一妻制，败坏了社会主义道德风尚，破坏了婚姻家庭，超过了人伦道德对夫妻关系的最低要求，法律必须严格禁止这类行为。

《民法典》与《妇女权益保障法》都有对重婚、有配偶者与他人同居或者明知他人有配偶而与其同居，妨害一方或者双方婚姻家庭关系的禁止性规定。现行《刑法》第二百五十八条的规定是"有配偶而重婚的，或者明知他人有配偶而与之结婚的，处二年以下有期徒刑或者拘役"。根据司法解释，有配偶的人与他人以夫妻名义同居，明知他人有配偶与其以夫妻名义同居生活的，属于重婚。

根据现行法律和政策，对于通奸、姘居，如果情节轻微的，进行批评教育，道德谴责，并给予党、政纪处分；情节较重的，给予撤销党内职务或者留党察看处分；情节严重的，给予开除党籍处分。与现役军人的配偶通奸的，依照规定从重或者加重处分。重婚或

者包养情妇（夫）的，给予开除党籍处分。党员利用职权、教养关系、从属关系或者其他相类似关系与他人发生性关系的，给予撤销党内职务处分；情节严重的，给予留党察看或者开除党籍处分。对情节严重，可按《治安管理处罚条例》进行处罚或劳动教养。

包"二奶"现象侵害了女性的尊严与权益。严格意义上的配偶身份权，一般被称为夫妻人身关系。2001年的《婚姻法》新增加"夫妻间互相尊重、互相忠实"这一条款，以强调立法对我国夫妻共同生活和家庭生活的基本指向，以突出和睦、幸福、文明的家庭的核心，同时反对追求个人享乐而不顾侵害他人的幸福和合法权益的行为。但是因很难把握"忠实"的内涵和外在形式，为此，当事人仅以违反夫妻忠实义务之条款为依据提起诉讼的，人民法院不予受理；已经受理的，裁定驳回起诉。从实践看，如果丈夫包二奶，妻子只有在离婚时可以要求损害赔偿。

【动感小课堂】

讨论：云南"走婚"现象是对婚姻法一夫一妻制的突破吗？

7. 禁止对妇女实施任何形式的家庭暴力

随着妇女权利意识的觉醒和增长，对妇女实施家庭暴力的问题，受到社会各界更为广泛的关注。禁止对妇女实施任何形式的家庭暴力的法律规定包括国际法和国内立法两方面。

中国已经签署了《消除对妇女一切形式的歧视公约》《儿童权利公约》等国际公约，是《北京宣言》《行动纲领》等国际文件的承诺国，已向全世界庄严承诺采取有效措施，制止家庭暴力，保护妇女、儿童、老人等一切弱势群体权益。

2016年实施了《中华人民共和国反家庭暴力法》（2015年12月27日第十二届全国人民代表大会常务委员会第十八次会议通过，自2016年3月1日起施行）。

国内法从宪法到地方性法规都有禁止家庭暴力的规定。《宪法》关于保障公民权利、男女平等等规定是中国反家庭暴力的立法依据。《妇女权益保障法》（2005修正）明确规定："禁止对妇女实施家庭暴力。国家采取措施，预防和制止家庭暴力。公安、民政、司法行政等部门以及城乡基层群众性自治组织、社会团体，应当在各自的职责范围内预防和制止家庭暴力，依法为受害妇女提供救助。违反本法规定，对妇女实施性骚扰或者家庭暴力，构成违反治安管理行为的，受害人可以提请公安机关对违法行为人依法给予行政处罚，也可以依法向人民法院提起民事诉讼。"《中华人民共和国未成年人保护法》第十条规定，父母或者其他监护人应当创造良好、和睦的家庭环境，依法履行对未成年人的监护职责和抚养义务。禁止对未成年人实施家庭暴力，禁止虐待、遗弃未成年人，禁止溺婴和其他残害婴儿的行为，不得歧视女性未成年人或者有残疾的未成年人。民法作为调整平等主体间的财产关系和人身关系的法律，在预防和制止家庭暴力方面发挥着重要作用。《民法通则》规定保护公民的生命健康权、名誉权、婚姻自由权等权利，并规定了相应的侵权责任形式。《婚姻法》是中国第一部明确规定"禁止家庭暴力"的法律。其中规定了对家庭暴力受害人的救助措施：受害人有权向居民委员会、村民委员会、所在单位和公安机关等寻求救助；相应机构应当应受害人要求采取救助措施；对构成犯罪的，司法机关应依法追究刑事法律责任，规定实施家庭暴力为法院准予离婚的法定情形之一，并规定因家庭暴力导致离婚的，受害人有权请求损害赔偿。《刑法》通过对杀人罪、伤害罪、强奸罪、侮辱罪、非法拘禁罪、拐卖妇女儿童罪、暴力干涉婚姻自由罪、虐待罪、遗弃罪等罪名和刑罚的规定，对实施家庭暴力构成犯罪的人予以惩处。行政法通过规定行政处罚和行政处分来禁止家庭暴力行为。如《中华人民共和国治安管理处罚条例》对侵犯他人人身权利尚不够刑事处罚的"殴打他人、造成轻微伤害""非法限制他人人身自由""虐待家庭成员，受虐待人要求处理"等规定应由公安机关予以拘留、罚款或警告。诉讼法规定了家庭暴力受害人寻求司法救济的途径：通过民事诉讼程序追究施暴人的民事责任；对构成犯罪的，依照刑事诉讼程序提起自诉，由司法机关依法定程序追究施暴人的刑事责任；对公安机关不依法履行制止或处罚家庭暴力职责的，受害人可按《中华人民共和国行政诉讼法》的规定要求其限期履行并赔偿相应损失。《妇女权益保障法》颁布实施以来，全国各地先后出台了地方性法规和确保《妇女权益保障法》贯彻落实的实施办法。湖南、四川、宁夏、江西、陕西、湖北、黑龙江等省份人大先后通过了《关于预防和制止家庭暴力的决议》等专门性反家庭暴力的地方性法规。

【动感小课堂】

2016年3月1日《中华人民共和国反家庭暴力法》正式实施后，各地虽然为保护家暴受害者签发大量人身保护令，但仍有一系列恶性家暴事件发生。如重庆女医生生前惨遭家暴事件、陕西女孩被父亲殴打致死事件、内蒙古公务员家暴致死记者妻子事件等。这些家暴事件发生后，公众唏嘘不已，很多人不理解为何法律出台了，也没能避免这些恶性事件的发生。请大家查阅《中华人民共和国反家庭暴力法》的相关材料，谈谈你对这部法出台的看法。

【核心小结】

法治社会，女性运用法律保护自身的家庭权利，有利于树立精神上的女性平等意识和法律上的平等意识，进而明确女性在婚姻家庭生活中的权利义务以及道德底线，更有利于女性保护自身的合法权益，促进家庭和社会和谐。

甜蜜女性·太阳花

饮食科学

【学习目标】

◎了解女性健康的生活方式。

◎了解女性营养要求，掌握科学的饮食方法。

◎认识美容食品，了解垃圾食品的危害。

一、女性健康生活方式

女人如花，一生都需要精心呵护，健康的生活方式主要包括以下几点：

（1）乐观心态；

（2）充足睡眠；

（3）适量运动。

目前国际上常用的衡量人体胖瘦程度及是否健康的一个标准的重要指标就是身体质量指数，简称体质指数，又称体重指数（body mass index，BMI）。

身体体质指数（BMI）计算公式：

身体体质指数（BMI）等于体重除以身高的平方（kg/m^2）。

BMI 正常值：18.5~23.9；

          BMI≥24 为超重；

          BMI≥28 为肥胖；

          BMI<18.5 为体重过低。

关于身体健康还有一个重要的衡量指标——体质酸碱性：人体体液的 pH 值为 7.35~7.45 的弱碱状态是最健康的。但现代人习惯摄入大鱼大肉，导致 pH 值普遍呈酸性，人们容易出现乏力、缺氧症状，尤其运动后糖类、脂肪分解产生更多酸性物质，所以人们更应及时补充维生素、矿物质、植物蛋白，令身体恢复碱性状态。

二、女性营养

（一）女性各时期营养需求

1. 青春期

预防经前期紧张综合征需要注意补充营养 ω-3 脂肪酸、钙、镁、维生素 B、膳食纤维等。在经前有症状时摄入高糖类和低蛋白饮食，限制盐和咖啡的摄入，补充维生素和微量元素等。

2. 孕期

这个时期的孕妇缺乏叶酸容易导致生出畸形儿；在准备怀孕之前 3 个月即开始补充叶酸，同时摄入富含叶酸的各种食物，特别是绿叶蔬菜，直至孕期前 3 个月。具体营养素的剂量见表 2。食物来源中绿叶蔬菜和豆类的营养素含量最丰富。见表 2。

表 2　孕期各种营养素的日推荐量

营养素	孕早期	孕中期	孕晚期
蛋白质（g）	+5	+10	+15
钙（mg）	800	1 000	1 200
铁（mg）	20	25	35
锌（mg）	11.5	16.5	16.5

3. 哺乳期

《中国居民膳食指南》中对乳母的建议内容是保证供给充足的能量。乳母每天分泌 600~800 毫升的乳汁来喂养孩子，如营养供应不足，就会破坏自身的组织来满足，因此乳母要增加鱼、肉、蛋、奶、海产品的摄入，补充充足的蛋白质、钙、铁和多不饱和脂肪酸等重要的营养素，注意维生素和纤维的摄入。

4. 更年期

更年期是女性卵巢功能从旺盛状态逐渐衰退到完全消失的一个过渡时期，包括绝经和绝经前后的一段时间。卵巢功能衰退，雌激素分泌下降，月经逐渐停止。更年期妇女饮食可以多食蔬菜、水果、豆制品、富含维生素 A 的食物，少食过甜、过咸、过油腻的食物，晚 8 点后不宜进餐，会加重胃肠道负担，使脂肪堆积在皮下，不利于身心健康。

（二）女性营养需求特点

（1）均衡营养。每天需要补充足量蛋白质、矿物质、维生素和水分。

（2）补充膳食纤维。富含膳食纤维的食物有黑米、草莓、梨、菜花、西兰花、韭菜、芹菜、胡萝卜、苦瓜、大豆、海藻、食用菌。

（3）女性健康生活——补充天然植物雌激素，多食用大豆、西瓜、木瓜、甜瓜、空心菜、胡萝卜、四季豆、香蕉。

（4）脂肪的摄入。

（5）补充维生素。食用糙米、全麦、各种新鲜蔬菜和水果、肉、内脏、小米、茴香。

（6）补充矿物质。食用牛奶和豆浆。

（7）补钙。多食用乳类、海产品、坚果、肉类、蔬菜类食物。

女性健康生活一日三餐的热量：早餐占 25%～30%，午餐占 40%，晚餐占 30%～35%。

早餐进餐时间 7 点至 8 点，一般吃含淀粉的食物和优质蛋白质，如馒头、豆包、玉米面窝头、牛奶、豆浆、鸡蛋。午餐时间 12 点至 1 点，一般吃得相对丰盛一些，肉类和蔬菜荤素搭配。晚餐时间 18 点至 17 点，可清淡饮食，多吃一些蔬菜。

【动感小课堂】制作食谱

请根据前面所说的女性营养知识，制定一份适合自己的一日三餐的食谱。

女性健康生活食谱参考：

1. 女性健康生活——早餐

早餐 A 方案：新鲜酸奶一杯，全麦面包两片，西红柿一个。

早餐 B 方案：红枣米粥一碗，火腿三明治。

2. 女性健康生活——午餐

午餐 A 方案：米饭、凉拌黄瓜、木耳青笋肉片、盐水花生。

午餐 B 方案：玉米饼或南瓜饼、黑米粥、藕炒肉片、凉拌竹笋。

午餐 C 方案：大米绿豆饭、魔芋烧鸭、炒猪肝、油菜香菇。

3. 女性健康生活——晚餐

晚餐 A 方案：馒头、小米粥、清蒸鱼、冬瓜猪骨汤、素炒西兰花。

晚餐 B 方案：荞麦馒头、绿豆粥、麻婆豆腐、苦瓜炒肉。

晚餐 C 方案：米饭、红萝卜烧牛肉、凉拌菠菜。

【延伸阅读】

女性"六多六少"吃法

多"还原"少"氧化"。少吃油炸类氧化食品；多吃还原类食物，比如菠菜、大豆等，维持大脑充足供血。

多食鲜少腌腊。腊味在制作过程中人为地增加了盐和添加剂，因此存在健康隐患，腊味在加工过程中也会产生亚硝酸盐从而引发食道癌。

多吃糙少吃精。精细加工的食品往往在加工过程中流失了大量的营养成分。糙米中含有维生素 B 和钙，有利于安神和净化血液，使得血液接近弱碱性。促进肠胃蠕动有利于新陈代谢。

多吃素少吃肉。素食有防治癌症、帮助戒烟、平衡酸碱的作用，荤素比例为 2∶8。

三、美食美容

女人养颜要排毒，如果单纯通过使用护肤品来美容护肤其实是不够彻底的。毕竟，好的肌肤所需要的营养，通过食补的方法来补充，比外敷的方法更加安全有效。那么女人要排毒养颜，吃哪些食物最有效呢？

1. 多喝动物血汤

动物血有鸡血、鸭血、鹅血、猪血，在众多的动物血汤中最好的是猪血。猪血中的血浆蛋白，通过人胃里的胃酸和消化酶消化作用分解后，产生一种解毒和润肠的物质，可以抵御入侵肠道的粉尘，防止与有害金属发生化学反应，使其成为不易被人体吸收的废物而排出体外。猪血做成汤能清除体内的污染物。

2. 多饮果汁和鲜菜汁

鲜果汁和不经煮炒的鲜菜汁是人体的"清洁剂"，能排除体内堆积的毒素和废物。因为一定量的鲜果汁和鲜菜汁进入体内的消化系统以后，会使血液呈碱性，将毒素溶解掉。

【延伸阅读】

推荐饮品的制作方法

1. 柠檬糖水

做法：取一个新鲜的柠檬，去皮以后放入榨汁机榨成果汁，调入适量蜂蜜以后饮用。

排毒功效：柠檬是著名的排毒水果，常常榨成果汁食用，不仅能排毒，还可以嫩白皮肤，防止皮肤的血管老化，消除面部的色斑，还是预防动脉硬化的优秀饮品。

健康提示：柠檬可以美白，但是柠檬不能在白天食用。你知道为什么吗？因为柠檬属于感光物质。

2. 牛奶草莓饮

做法：取草莓数枚，鲜牛奶一杯，草莓洗净后，放入冰箱冰镇一小时后取出，取出放入榨汁机制成草莓汁，将草莓汁和牛奶混合共饮。

排毒功效：牛奶中的丰富蛋白质、磷质和维生素等营养成分，与新鲜的草莓汁共饮可加速体内新陈代谢，使肌肤嫩白富有弹性。

3. 猕猴桃苹果饮

做法：取猕猴桃 2 个，苹果 1 个，先将猕猴桃洗净去皮，苹果洗净去皮，去核切成小块，将二者放入榨汁机中打成果汁，根据个人的口味加入适量的蜂蜜调和。

排毒功效：猕猴桃是著名的维 C 之王，而苹果中含有丰富的果胶，是排毒养颜的养生佳果，二者结合不但可以促进肠胃的蠕动，促进有毒物质的排出，更能美白肌肤，减少皱纹。

3. 多吃菌类和海藻类食物

银耳、黑木耳、冬菇具有排毒、吸附杂质和促进新陈代谢的作用，所以应该多吃。海藻类食物有海带和紫菜，其中的胶质能促使体内放射性物质随大便排出体外，促进肠胃的蠕动。

4. 多吃谷类和豆类

谷类和豆类都能刺激肠道加速排便，是治疗便秘的很好的食物，在早餐的时候可以和精米一起煮熟后食用。（你知道哪些食物能治疗便秘吗？）

5. 多吃水果

樱桃：樱桃是目前公认能够为人体去除毒素及不洁体液的水果，并对肾脏排毒、通便有功用。（不能多吃，你知道樱桃的减肥功效吗？）

葡萄（深紫色）：深紫色的葡萄具有排毒作用，并且能够帮助肠内黏液清除肝、肠、胃、肾内的垃圾。

草莓：草莓是一种可以排毒的水果，热量不高，能清洁肠道和保护肝脏。

6. 酸奶

酸奶中含有大量的乳酸菌，乳酸菌能够抑制有害菌的繁殖，同时还具有提高免疫力和杀菌的作用，使大肠杆菌等有害细菌难以繁殖。每天饮用一杯酸奶除了能美容养颜以外还能有效防止便秘。（酸奶的美容功效你们了解多少？）

四、垃圾食品

1. 油炸类食品

其主要危害是：①油炸淀粉导致心血管疾病；②含致癌物质；③破坏维生素，使蛋白质变性。

2. 腌制类食品

其主要危害是：①导致高血压，肾负担过重，导致鼻咽癌；②影响粘膜系统（对肠胃有害）；③易得溃疡和发炎。

3. 加工类肉食品（肉干、肉松、香肠等）

其主要危害是：①含三大致癌物质之一的亚硝酸盐（防腐和显色作用）；②含大量防腐剂，加重肝脏负担。

4. 饼干类食品（不含低温烘烤和全麦饼干）

其主要危害是：①食用香精和色素过多对肝脏功能造成负担；②严重破坏维生素；③热量过多、营养价值低。

5. 汽水、可乐类食品

其主要危害是：①含磷酸、碳酸，会带走体内大量的钙；②含糖量过高，喝后有饱胀感，影响正餐。

6. 方便类食品（主要指方便面和膨化食品）

其主要危害是：①盐分过高，含防腐剂、香精，损肝；②只有热量，没有营养。

7. 罐头类食品（包括鱼肉类和水果类）

其主要危害是：①破坏维生素，使蛋白质变性；②热量过多，营养价值低。

8. 话梅蜜饯类食品（果脯）

其主要危害是：①含三大致癌物质之一的亚硝酸盐；②盐分过高，含防腐剂、香精，损肝。

9. 冷冻甜品类食品（冰淇淋、冰棒和各种雪糕）

其主要危害是：①含奶油，极易引起肥胖；②含糖量过高，影响正餐。

10. 烧烤类食品

其主要危害是：①含大量"三苯四丙吡"（三大致癌物质之首）；②导致蛋白质炭化变性，加重肾脏、肝脏负担。烧烤食物是人们爱吃的一种美食，卫生和安全性备受质疑，高温食物有致癌的危险。

【延伸阅读】

饮食健康小贴士

1. 早上醒来先喝一杯水，预防结石。

2. 少喝奶茶。

3. 刚出炉的面包不宜马上食用。

4. 每天喝八杯水。

5. 一天不要喝两杯以上的咖啡。

6. 多油脂的食物少吃。

7. 吃了会健康的食物：深海鱼、香蕉、葡萄柚、全麦面包、菠菜、大蒜、南瓜、低脂牛奶、鸡肉、樱桃。

【核心小结】

1. 正确的饮食习惯：早上吃得像皇帝，中午吃得像王子，晚上吃得像平民。

2. 掌握女性饮食科学，吃出营养、吃出健康、吃出美丽。

模块三 风采女性

风采女性·职场心态

【学习目标】

◎掌握职场心态调试方法。

◎学习自我心态的调节能力。

◎设定职场目标的基本方法。

【课程导入】

企业选择员工首要看的是：人品？敬业？态度？阅历？形象？

企业把人分成四种类型：心态好，能力好——精品；心态好，能力不好——半成品；心态不好，能力不好——废品；心态不好，能力好——毒品。

如果你是老板，你会选择哪一种员工？

一、什么是职场心态

职场心态就是指员工在工作的时候对事物发展的反应和理解表现出不同的思想状态和观点。世间万事万物，你可以用两种观念去看，一个是正的，积极的；另一个是负的，消极的，这就像硬币的正面和反面。

（一）主动的心态

人的心态有两种：积极和消极。心态有三个层次：心态、激情和信念。一个人要保持激情有活力，主要取决于他的信念，也就是前面说的理想。当理想成为信念的时候，这种积极的情绪才是持久的。激情是心态爆发状态，信念是心态的最高境界。你对生命的态度决定了生命对你的态度！

（二）谦虚的心态

任何事情都要谦虚，葡萄不熟才酸，人无知才傲。要学会发现别人的优点，而不是"发明"自己的优点，"发明"自己的优点时间长了会很让人反感。

（三）务实的心态

做工作要实实在在，不懂就问，不懂就学；不要眼高手低，认真做好每一件小事。每一个成功的人都是从小事做起的，把一件小事做到极致，执行在于细节！

（四）成长的心态

我们要不怕出丑，做事情要抢着做，成长难免出丑，出丑就是为了使成长不要怕失败。成功者永不放弃，放弃者永不成功，每个人都会失败，失败并不可怕，失败一定要检讨，成功一定有方法，失败一定有原因，不要怕丢脸，所以你要成为优秀的人就不要怕丢脸。但是在平时生活中要给足别人面子。

（五）创新的心态

相信这个世界上唯一不变的就是变！变则通，通则达。特别在竞争激烈的今天，要时刻站在时代的前沿，利用好琐碎的时间，去寻找符合自己的工作方法。即使再简单重复的工作都有其规律，你大可以找到适合你的方法。

（六）竞争的心态

我们要不断地充实和完善自己，物竞天择，适者生存，这是很正常的自然规律。竞争的心态可以让你更加迅速地成长。人不能一辈子待在温室里，要强迫自己走出舒适圈，挑战自己，成就更好的自己。去学习不懂的知识，锻炼你的能力，让它变得为你所用。

心态是指引你行动的标杆，只有积极健康的心态才能给你正确的指引。以上提到的六种心态不仅适合初入职场的小白，同样适用于那些职场老人。

二、职业目标

职业目标是指个人在选定的职业领域内未来某个时点上所要达到的具体目标，包括短期目标、中期目标和长期目标。

职业生涯规划的评估与反馈过程是个人对自己的不断认识的过程，也是对社会不断认识的过程，是使职业生涯规划更加有效的有力手段。一般说，我们首先根据个人的专业、性格、气质和价值观及社会的发展趋势确定自己的人生目标和长期目标，然后再把人生目标和长期目标进行分化，根据个人的经历和所处的组织环境制定相应的中期目标和短期目标。

在职场生涯里，伟大的成功来自伟大的目标，有什么样的目标就有什么样的人生。弄错了目标范围，搞错了方向，是我们很多工作效率低下、得不到卓越的工作方法的人最容易犯的低级错误。他们往往把大部分的时间和大部分精力浪费在一些无用的事情上。所以，要行动就要有目标，同时还要有达成目标的计划。没有目标，就不可能有切实的行动，更不可能获得实际的结果。

【延伸阅读】

日本三洋电机公司的创始人井植岁男，创业之前就把自己的远大理想作为自己的奋斗目标。他在解释为什么把公司的名称叫做"三洋"时说："我个人觉得，名字越大越好，就像能把产品卖到各个国家一样，所以我把公司取名为'三洋'。"他在创业第一次训话时说："今天，我们的三洋电机公司就要创立了，我们总人数虽然只有 20 人，可是我们的前景却像大西洋一般宏大。在这里制造的脚踏车自动发电机，不久的将来就可以卖出 200 万个。不，现在世界上人口有 27 亿，其中使用自行车的人大约有 10 亿，这 10 亿人的一半，也就是 5 亿，我们来让他们使用本公司生产的电机吧！"三洋电机在开始创业时，资本只有 120 万日元，总人数只有 20 名。历经几十年的艰苦创业和努力奋斗，今天已成为世界上有名的电机公司之一了。事实上，目标并不虚无缥缈，目标其实就是自己为之奋斗而所要得到的东西。任何人都可以把梦想变为现实，但首先你必须设定能够实现这一理想的目标和计划。上天让你生存于世界上，并非叫你郁郁寡欢，上天给了你获得成功的冲劲，你必须加以运用！

三、职场目标设立的方法

（一）大目标才是王道

你问职场中的人，他们有没有目标？他们都会说有，有的是升职，有的是加薪，有的是两者兼有。但其实很多人只是心中有一个模糊的目标，他们就以为自己有目标，有些人只是在嘴上说说而已。说白了，他们的目标只是幻想，甚至说是虚妄。他们说出来是因为说没有的话害怕别人说他没有志向，只是浑浑噩噩地在生活，他们根本没有认真对待过自己的目标。一个人的人生目标往往决定了他会成为一个什么样的人，做多大的事业。当一个人为自己设立了一个大的职场目标时，他的思维方式也会发生巨大的转变，进而会有不同的行动规划，最后自然能取得大的成就。

在我们现实的职场中，很多人提起大的目标就会心生畏惧，信心也消失殆尽，还会担心大的目标占据家庭生活的时间，所以，很多人只愿意选择小的目标，这样他们感觉更安全，但这其实是在浪费时间。每个人都不希望自己拥有一个一眼望到头的人生，而且人的潜能其实是不可量化的。

无论你现在是一名实习生，或者是初级职位的员工，又或者是低学历的员工，我建议你闭上眼睛想象一下，当你成为一名职场精英，拥有二倍、三倍甚至数倍于自己目前工资时候的样子，接着你问自己这个问题"如果你把内心的恐惧丢掉，你到底想做什么"。然后想做什么就去做吧，相信我，你会惊讶于你自身潜能的释放。

要想做出成就，你就必须要有所行动，而行动需要你脑海中先有想法。很多时候我们都是在自己给自己设限，你畏惧的不应该是远大的理想，而应该畏惧平庸，畏惧碌碌无为，畏惧没有为自己的人生努力争取过。如果你不能拥有一个更高的目标，那只会让你错过人生更多的风景。只要你志存高远，敢于突破自己人生的限制，你就一定会让梦想成真！

【延伸阅读】

沃尔玛公司的创始人沃尔顿曾经的目标是要把他的"沃尔顿廉价超市"开遍美国，最终才有了现在开遍全球 26 个国家的沃尔玛超市。

稻盛和夫曾经的目标是要把他的京瓷公司做到日本第一，最终它的产品占据了美国市场第 1 位。

沙比尔·巴蒂亚一直坚信自己能创造一个新行业，并让其高速发展，而不是一家普通的公司，最终他创建了互联网电子邮箱 Hotmail，这是一家市值 4 亿美元的大公司。

(二) 弹性的目标会更好

你在设定目标时一定是这样做的，比如，"半年内我要让销量达到 100 万"，"一年后我要成为主管"，但大目标太远的话，给人的心理刺激太小，你往往没有动力去完成它。所以，除了这样的大目标，你一定要设立好小目标。

小目标可以采用倒推法来设立，职场中，当你知道半年后或一年后的样子，接下来你再问自己三个月后该是什么样子，然后再设立一个月的目标，最后你自然能知道本周和这一天的目标。

一个目标的实现往往有两个因素：可实现性和挑战性。可实现性会让你积极地面对目标，不至于意志消沉，丧失自信。挑战性意味着当你实现目标后，你会拥有满满的成就感，你的干劲也会更大。比如"这星期我要挣 1 000~3 000 元"，"每两天到三天之内我要交一份报告"等。职场中，当你刚开始工作时，你要瞄准弹性目标中的那个最大值，如果做到了，你会更加努力地工作；如果失败了，你还有最小值作为后盾，你还能重整旗鼓，继续奋斗。

如果你是公司领导，可以把员工分成两组，一组设定的是单一数字模型的目标，另一种则是弹性的目标。等过一段时间后，你可以对比两组员工的成果，就会明白弹性的目标有多大的好处了。此外，这种方法对克服拖延症十分有帮助。
职场中，很多人都有推迟完成工作项目的经历，因为我们每个人总是为自己的拖延找各种各样的借口。但其实只要工作的截止期限足够短，你就不会用借口来阻挡你。而且，即便你有一定的拖延，只要没过弹性目标最后的期限，你仍然还能继续完成任务，而不是再像以前只拥有一个绝对的目标时那样时破罐子破摔。

(三) 盯着目标的"小数字假说"

你可能有过这种经历，当你在一家餐馆吃饭时，老板递给你一张积分卡，并告知你，只要你来一次就可以在上面盖一次章，只要你能集齐 10 个章，就可以换取免费吃一顿饭的机会。当你从老板那里拿过这张积分卡时，你发现他已经给你盖了两个章了。那么，你会发现，你接下来会更倾向于到这家餐馆吃饭，将剩下的那 8 个章盖完。但是，你有没有想过，如果老板最初递给你的那张积分卡上面没有这两个章，你还会有这么高的积极性吗？

认知科学家在很久之前就已经发现，职场中，当人们在刚开始工作时，不要把目标放在未完成的那一大部分，而要把目标放在已完成的小部分上，这会使人们工作的劲头更大。相应地，当人们在做最后阶段的工作时，不能盯着已完成的工作量，而要专注于未完成的部分，这被称之为"小数字假说"。

这一方式有助于完成目标的原因也很简单。一方面，我们都喜欢关注小的那部分，比如我们经常讲小巧玲珑。另一方面，不管是盯着刚开头、已完成的小数字，还是盯着最终未完成的小数字，都会给人以完成工作很大的激励。比如，当你把一项任务从 10% 提升到 30%，你会感觉直接翻了三倍，但如果你把一项任务从 60% 提升到 80%，虽然看上去都是 20% 的完成量，但你会感觉这不过是完成了工作量的四分之一。一旦工作进程过半，你把注意力集中在少数未完成的工作时，你便会迫切地想要完成它，这时你的感觉是你离目标只剩 10% 了，而不是已经完成了 90%。

"小数字假说"不止可以运用到我们自身的工作上，还可以用它来激励客户。就像我在前面提到那个餐馆一样，只要你引导客户关注小的数字，无论这一数字是已完成的进展，还是剩余的任务量，客户都会更多地购买你的产品。

职场中，如果你是管理者或老板，当你想让员工更好地完成绩效目标时，应当针对他们的工作进度给出反馈，以便让他们继续保持冲劲。比如"本季度才过去一周，大家就已经完成了目标的 15%"，而不是"大家加油干，还有 85% 的工作量等着咱们呢"。

职场中，要想让自己取得长远的发展，你可以拿出一张纸，写下你想要达到的长远目标，然后用倒推法设立小目标，小目标应当富有弹性，这会让你对目标更积极。同时，无论你处于完成目标的哪一进度，你都应该关注小数字，这样你完成任务的雄心也会因此熊熊燃烧起来！

【核心小结】

1. 影响你身价的是你的才能！
2. 决定你身价的是你的态度！
3. 准备最好的自己，让自己出发吧！

风采女性·职场"三界"

【学习目标】

◎掌握职场"三界"的内涵和价值。

◎能够找准职场坐标，选择职场方向，平和职场心态。

【课程导入】

杜拉拉，南方女子，姿色中上。大学毕业那年，拉拉二十出头，先在国有企业工作了一年，就辞职跑到珠三角，进了一家做汽车配件的民营企业，任职业务员。

大学毕业的第四年，拉拉终于如愿以偿地进了通信行业的著名美资500强企业DB，任职华南大区销售助理。

杜拉拉工作经历：

- 毕业后第四年进DB，26岁，销售助理，4 000元/月（中间调了15%的薪）；
- DB第2~3年，27~28岁，广州分公司行政主管，6 500~7 200元/月；
- DB第4~6年，29~31岁，DB（中国）行政经理，10 000~150 00元/月；
- DB第7~8年，32~34岁，DB（中国）行政人事经理（主管行政），18 000元/月；
- 第八年离开DB进入SH公司（德国）世界500强，35岁，任C&B经理（薪酬管理），年薪28万。

拉拉想了想，向往地说："我想进真正的外企，富高科技含量的500强跨国企业。那我就可以有一份不错的收入了，而且老板肯定很忙，没有兴趣让我伺候他吹牛两小时，就算老板吹牛吧，一定也吹得非常有魅力。"

杜拉拉选择企业关注什么？

- 国际500强：有影响力和实力；
- 有一份不错的收入；
- 管理规范；
- 老板肯定很忙，非常有魅力：法人代表素质好。

一、业界：职场坐标——我们的职业去向

企事业单位是指企业单位及事业单位。企业单位是以盈利为目的的独立核算的法人或非法人单位，企业单位包含国企和私企。事业单位是以政府职能、公益服务为主要宗旨的一些公益性单位、公益性职能部门等。

国有企业是指国家对其资本拥有所有权或者控制权的企业，政府的意志和利益决定了国有企业的行为。国有企业是国民经济发展的中坚力量，是中国特色社会主义的支柱。

事业单位是指由政府利用国有资产设立的，从事教育、科技、文化、卫生等活动的社会服务组织。事业单位接受政府领导，是表现形式为组织或机构的法人实体。

二、眼界：选择职场方向——职场不同阶层的定义和标准[①]

（一）蓝领

蓝领分为普蓝、锐蓝、深蓝。普蓝就是从事体力劳动的一般工人，锐蓝就是中间转换的阶层，有可能向深蓝转变，深蓝是技术水平较高的人。从收入来讲，蓝领并不一定比白领低，锐蓝的收入其实比普通的白领高。如建筑工人、钢铁工人、纺织女工、家电制造工人、水电管道维修工、装修工人、卡车司机等职业是典型的蓝领职业。

（二）白领

白领受过良好的教育，因一技之长而被老板聘用为管理层或做一些文职工作。他们在工作上能独当一面，处理问题的方式也更趋实用。白领们追求生活的多样化及高质量。目前，白领阶层的主体是 25~40 岁的人群。

（三）金领

金领是脚踏实地的实干家，善于独立解决问题，敢于冒险和挑战未来，渴望有一个更大的发展空间，渴望有属于自己的事业领域；拥有决定白领命运的经营权；购衣讲究质量、品牌和档次；可以到高档的俱乐部享受各种休闲服务；工作之余享受着普通的职业者无法体验的闲适和从容。如首席执行官（CEO）、财务总监（CFO）或首席运营长（COO）等；有些专业性强的职业如工程师、律师、口译人员等也是金领。

【案例分享】

DB 广州办行政主管的职位空缺，需要找个替补。HR 的人找到拉拉，问她是否愿意考虑这个职位。

他们看中她，是因为她的能干和责任心已经被证实的了；她在广州办工作了两年，对这个办事处的人和事也熟悉；另外，这个职位需要一个英语比较好的人，而拉拉的英文在 DB 广州办即便不数一也是数二了。

---

① 冉军. 高等院校人力资源管理专业教材系列 职业生涯管理 [M]. 北京：科学出版社，2012.

三、职场能力

（一）适应力

一个人的适应力，不仅是指他快速适应工作环境的能力，除了要快速适应职场环境、职场竞争、职场人际关系，还要面对高压的工作环境，既做好自我心理调节，也能够及时顾及别人的心理状态，维持一个健康的工作心理和工作氛围。

（二）思维力

思维能力包括理解力、分析力、综合力、比较力、概括力、抽象力、推理力、论证力、判断力等能力。它是整个智慧的核心，参与、支配着员工的一切智力活动。逻辑思维能力的高低是一个人能否顺利走上经理级别或以上管理岗位的核心素质。逻辑思维能力是看清问题本质，看清问题的价值，快速把握机遇，超越周围人的重要武器。

（三）执行力

执行力的定义很简单，就是能按质按量、不折不扣地完成工作任务。这是执行力最简单也是最精辟的解释。但是正是这么简单的执行力，却是很多个人、团队、组织所欠缺或者说是不完备的能力。个人执行力是指每一单个的人把上级的命令和想法变成行动，把行动变成结果，没有任何借口保质保量完成任务的能力。

【案例分享】

阿诺德和布鲁诺的差距

阿诺德和布鲁诺同时受雇于一家店铺，拿着同样的薪水。可是一段时间以后，阿诺德青云直上，而布鲁诺却仍在原地踏步。布鲁诺到老板那儿发牢骚。老板一边耐心地听着他的抱怨，一边在心里盘算怎样向他解释清楚他和阿诺德之间差别。"布鲁诺，"老板说话了，"您去集市一趟，看看今天早上有什么卖的东西。"布鲁诺从集市上回来向老板汇报说，今早集市上只有一个农民拉了一车土豆在卖。"有多少？"老板问。布鲁诺赶快又跑到集市上，然后回来告诉老板说一共有40袋土豆。"价格是多少？"布鲁诺第三次跑到集市上问来了价格。"好吧，"老板对他说，"现在请你坐在椅子上别说话，看看别人怎么说。"

阿诺德很快就从集市上回来了，向老板汇报说，到现在为止，只有一个农民在卖土豆，一共40袋，价格是多少；土豆质量很不错，他带回来一个让老板看看。这个农民一个钟头以后还会运来几箱西红柿，据他看价格非常公道。昨天他们铺子的西红柿卖得很快，库存已经不多了。他想这么便宜的西红柿老板肯定会要进一些的，所以他不仅带回了一个西红柿做样品，而且把那个农民也带来了，他现在正在外面等我回话呢。

此时，老板转向布鲁诺说："现在你知道为什么阿诺德的薪水比你高了吧？"

（四）学习力

所谓学习力就是学习动力、学习毅力和学习能力三要素。学习力是指一个人学习的动力、毅力和能力的综合体现。学习力是把知识资源转化为知识资本的能力。

（五）懂得自律

一个自律的人，会让目标决定自己的行为，而非由他的情绪来决定。面对金钱的诱惑，他能想到"君子爱财，取之有道"。面对工作还是娱乐的选择时，他能果断地对享受说"不"。高度自律的人懂得"断舍离"，会更加专注在自己的目标上。

四、职场境界

执着的境界：对职场全身心投入，没日没夜地加班、左右为难地焦虑、挖空心思地沟通。

虚无的境界：感到透支健康，开始对职场产生怀疑。

淡定的境界：既不执着也不虚无，从容应对，既不透支健康又不担心工作绩效。

现实中，有的人对职场很用心——执着，有的人很无所谓——虚无，这两种职场境界都是不可取的。

五、什么是好公司

具有以下特征的可以称为好公司：

产品附加值高，生意好，并且从业务线看，公司具备持续发展的能力和前景；

有专业的、聪明能干的、经验丰富的、务实的管理层在把握公司，并且有保护一贯这样用人的制度的公司；

有严格的财务制度，对预算、费用和利润等与投入产出有关的内容敏感且具有强控制力的公司；

崇尚客户导向、市场导向、结果导向、执行力的公司；

有专业、严谨、全面的流程和制度，并且其执行有利于推动业务的良性发展，具有控制性和实操性兼备的特点。

六、找一个好的方向

什么是好的方向？就是永远不要远离核心业务线。

你得看明白，在企业中，哪个环节是实现利润最大化的关键环节。有时候是销售环节，有时候是市场策划环节，有时候是研发环节，有时候是生产环节，根据你所在行业的不同而不同。

最重要的环节，总是最贵的，最被重视的，也是最有发展前途的。它拥有最多的资源和最大的权威——你应该依附在这样的核心业务线上发展，至少能避免被边缘化，这样成长为关键人才的可能性则更大了。

对本岗任务要清晰：①清楚自己的定位和职责——别搞不清楚自己是谁、什么是自己的活，知道什么该报告，什么要自己独立做决定；②结果导向——设立高目标，信守承诺，承担责任，注重质量、速度和期限，争取主动，无需督促；③清晰地制订业务计划并有效实施；④学习能力——愿意学，坚持学，及时了解行业趋势/竞争状况和技术更新，并学以致用；⑤承受压力的能力——严峻的工作条件下，能坚忍不拔，想办法获取资源、支持和信息，努力实现甚至超越目标；⑥适应的能力——如适应多项要求并存，优先级变换及情况不明等工作条件，及时调整自己的行为和风格来适应不同个人及团队的需要。

【核心小结】

找准职场坐标、选择职场方向、平和职场心态，做到腹中有墨、手中有艺、肩上有担、目中有人、脸上有笑、心中有爱，每个人都可以成为职场上顶呱呱的"杜拉拉"。

风采女性·职场五识

【学习目标】

◎掌握职场"五识"（知识、常识、见识、胆识、赏识）的基本内容。

◎进行自身思考及思维运用。

【课程导入】

互动游戏——有趣的互动介绍。

（1）职场第一步必须学会推介自己。

（2）在职场中必须不断地更新自己。

一、自我介绍[①]

自我介绍是向别人展示自己的一个重要手段，自我介绍好不好，甚至直接关系到你给别人留下的第一印象的好坏，及以后交往的顺利与否。自我介绍不仅是展示自己的手段，同时也是认识自我的手段。古人云，"知人者智，知己者明""当局者迷，旁观者清"。可见，要想认识自我，给自己一个准确的定位不是一件容易的事情，而自我介绍有利于对自己进行一个有意识的梳理和思考。

所以我们在职场上做自我介绍时，可以先递上自己的名片，然后再进行简单的自我介绍。如"您好，我是xx，这是我的名片，请多请教。""您好，我是××，请多指教。"一般情况下，递上自己的名片后，只要做简单的介绍就可以了。因为你的名片上有公司、职务等详细信息。自我介绍时，递上自己的名片不仅是一种职场的礼仪，更可以让对方清晰、详细地了解你。这样的自我介绍简单且职业，无论是正式的洽谈场合还是较为随意的交际场合都可以使用。

我们在做自我介绍时，不仅要详细全面地传递信息，还要尽量做到语言简短精练。一个简短而全面的自我介绍要包括以下的信息，如姓名、公司、职务。如"您好，我叫××，××公司的业务经理。""你好，我是××，现在就职于××公司，担任××职务。"这样的介绍直截了当，详细地表达了自己的全部信息。同时，要注意，当你在正式场合介绍自己的公司或是头衔时，一定要使用全称，否则既显得不够郑重，又不够尊重对方，而且还有可能会引起别人的误解。

---

① 孙少威. 三分做事 七分沟通［M］. 北京：海潮出版社，2014.

职场上的介绍礼仪，除了自我介绍还包括介绍他人。在职场上，介绍他人要注意以下几点：首先要遵守介绍顺序，先介绍上级再介绍下级，先介绍长辈再介绍晚辈，先介绍女士再介绍男士，先介绍家人再介绍同事，先介绍客人再介绍主人。只有遵循这样的介绍顺序才不会显得失礼。同时，作为介绍人还要注意到一些细节，如介绍之前要征求双方的意见，在介绍之前要先和对方打招呼，不要直接开口就介绍。在介绍时要站在双方中间，态度热情友好。被介绍人也要保持良好的姿态，大大方方与人交谈，不可扭扭捏捏、畏畏缩缩。如果确实有不方便之处，也要委婉地表示，而且不论是介绍自己还是介绍他人，都要保持友好谦和的态度。

【案例分享】
女大学生贴创意简历、个性广告引关注

"想创意、做广告的话，是打鸡血少女；缝被单、做蒸虾的话，是贤良淑德妻。"武汉纺织大学传媒学院广告专业毕业生程中月在 QQ 空间等社交平台上贴出了一份自我推销的《创意"最"人自首书》，搞怪诙谐的求职简历引起了社会广泛关注，并因此受到多家公司青睐。

"热爱生活，热爱摄影，热爱文字，热爱互动。思维活跃，创意多多。性格多面，静若处子，动若脱兔。善于沟通。对新鲜事物感兴趣，且乐于尝试。爱看冷笑话，爱看《生活大爆炸》，爱玩'愤怒的小鸟'"，是程中月在"自首书"中对自己的评价。在这份《创意"最"人自首书》中，她以诙谐幽默的语言简述了自己的大学经历、个人爱好及"自首"决心。

据了解，大一时她参加全国大学生广告艺术大赛，获得湖北省三等奖，全国优秀奖。大二时的作品"台北 6636 全球暖化公益广告——结婚礼物篇和生命礼物篇"获第十九届金犊奖广播广告类金奖，这是湖北高校在本届大赛中获得的两项金奖之一，也是武汉纺织大学学生作品参加历届金犊奖获得的最高奖项。

这次她在网上给自己做起了广告，"原谅我这么迟才下定决心踏入广告职场奉献我的创意，请公司接受我的自首，给我一个改过自新的机会，宽容地接纳我"。

"她是一个敢想敢做，而且有新想法有创意、聪明的女孩子。"程中月的专业老师冯易评价说。

大二暑期，程中月放弃了金犊奖提供的 4A 公司实习机会，独自一人通过中介公司飞往美国阿拉斯加，在一家麦当劳餐厅里面打工三个月。

"我向往冒险和自由，喜欢看更多的人和事。"程中月说。从小到大，她去过青岛、杭州、北海等 14 个城市，也卖过风筝，发过传单，当过志愿者，当过报纸拍客。在平面媒体和网络媒体发表过摄影作品和散文随笔。因为追求独立，她放弃了新浪湖北武汉分公司提供的工作。

简历贴出后，她目前已收到多份录取通知书。

【动感小课堂】

讨论：①你的专业三年要学什么？你能用一句话介绍你的专业吗？②专业理论课程的书籍你看完了几本？③你去了解过你所学专业的发展趋势？

二、信息搜集及辨析能力

"多元思考法"，就是每件事情不要期待只有一种答案，而应多方面思考，创造多种解决可能性。习惯多元思考法的人，不论面对任何问题都能用不同角度与观点分析，即使再大的难题，也能找出解决办法。

那么，该如何培养多元思考能力？以下是三个不错的办法。

（1）提醒自己不可变成"被煮熟的青蛙"。有个童话故事，主角是一只青蛙，这只青蛙不小心掉进火炉上的锅中，因为水温 20 度，青蛙觉得很舒服. 但慢慢的水温升高，30度、40度……温度渐渐升上去。然而，因为水温变化缓慢，虽然觉得愈来愈热，已经习惯了的青蛙却懒得跳出来。结果，这只青蛙最后被煮熟了。我们的工作与生活，其实也有类似状况，一旦适应了，即使环境恶化，也会认为"只要忍一忍就好"。久而久之感觉麻痹，等到问题严重到不可收拾的程度，就已回天乏术。所以，工作出现警示时，你必须严格提醒自己，绝对不可变成"被煮熟的青蛙"。

（2）从不同立场进行思考。一般人其实都有相当固定的思考模式，但思维一固定，就会顾此失彼，失去多元创意的弹性。想要锻炼多元思考能力，抛弃过去的习惯，换个角度重新思考，是最根本方式。

（3）养成边写边思考的习惯。有好想法、好点子要随时记录下来，也是培养多元思考能力的有效方法。只在脑袋中想象，思考容易出偏差，写下来则可让自己更容易掌握整体，从而发现缺点与不足之处。

三、知识管理

个人知识管理是一种新的知识管理的理念和方法，能将个人拥有的各种资料、随手可得的信息变成更具价值的知识，最终有利于自己的工作、学习和生活。通过对个人知识的管理，人们可以养成良好的学习习惯，增强信息素养，完善自己的专业知识体系，提高自己的能力和竞争力，为实现个人价值和可持续发展打下坚实基础。

个人知识管理（PKM）的宽泛定义由美国的 Paul A. Dorsey 教授提出："个人知识管理应该被看作既有逻辑概念层面又有实际操作层面的一套解决问题的技巧与方法。"UCLA大学安德逊工商管理学院的 Jason Frand 已经在他们的 MBA 课程中列入了采用 PKM 概念来说明信息与知识管理的实践活动。Frand 和 Hixon 将个人知识管理定义为：它是一种概念框架，指个人组织和集中自己认为重要的信息，使其成为我们知识基础的一部分。它还提供某种将散乱的信息片段转化为可以系统性应用的东西的（个人）战略，并以此扩展我们的个人知识。Skyrme 也从经验方面对个人知识管理战略进行了更为细致的描述，包括以下内容：明确自己的信息需求；制定一个（知识）获取战略；设定信息的优先级，确定哪些信息可以丢弃，哪些信息可以收取；确定如何和何时处理手上的信息；为需要归档和保存的知识建立规范；创建个人的文件系统，可以兼顾（管理）自己的工作、生活和其他知识活动；为不同用途的信息建立信息目录（书签）和索引；经常评估所存储信息和目录的价值。

综上，尽管个人知识管理（PKM）有各种版本的定义，其实质都在于帮助个人提升工作效率，整合自己的信息资源，提高个人的竞争力。通过实施 PKM，个人可以在短时间内处理大量的信息，快速有效地获取所需知识，准确地表达知识，提高工作效率和自身能力。

四、职场常识

（一）违法的事情坚决不能做

一个人无论在社会上还是在职场中，千万要牢记，违法的事情一定不能做。不以善小而不为，不以恶小而为之，很多犯罪都是从零星小事开始的。比如，看到别人的好东西，心痒难耐，自己又舍不得买或买不起，顺手就拿走了；比如，到手的款项，看了心动无比，而公司有可能有漏洞可钻，于是泥足深陷。

但事实上，世上无不透风的墙，也没有完全能遮盖过去的事，只是时间早晚问题，一旦事情爆发，你面临的就不是工作的丢失，而是法律的制裁了。所以，法律这根弦要时刻绷紧，千万不能触碰，一旦越界，后果不堪设想，需要用你的下半生来偿还，这是原则问题。

（二）公司的利益不能出卖

作为企业的一名员工，公司的利益，就是你的利益，正所谓一荣俱荣一损俱损。若是为了个人私利出卖公司利益，一旦败露，那么将来无论你去哪家公司，你都不会得到平等的对待甚至是被拒之门外。

（三）内部问题内部解决

员工难免与公司产生摩擦，但是，有问题不怕，可以向领导反映，寻求相关部门的帮助甚至是以离职作为终结。但是，在问题没有解决时，大肆宣扬问题，公开与公司的矛盾，既不利于问题的解决，也不利于自己今后在公司的发展。

（四）职场核心能力

人的能力分为三层：职业特定能力、行业通用能力、核心能力。每个具体的职业、工种、岗位和工作，都会对应一些特定能力。特定能力从总量上是最多的，但适用范围又是最窄的。每个行业又存在着一定数量的通用能力，从数量上看，它们比特定能力少得多，但它们的适用范围要广些，涵盖了整个行业活动领域。而就整体上讲，存在着每个人都需要的，从事任何职业或工作都离不开的能力，这就是核心能力。

特定能力是表现在每一个具体的职业、工种、岗位上的能力。特定能力主要体现在《中华人民共和国职业分类大典》划分的 1841 个职业中。长期以来，我们的学历文凭教育，以及职业资格培训，主要就集中在培养人的这种职业特定能力上。相对说来，特定能力是一个适用于窄口径范围的能力。

通用能力是表现在每一个行业，或者一组存在共性的相近工作领域的能力。它们的数量尽管少于特定能力，但适用范围广得多。为了使培养的人才具有更广泛的适应性，现在，针对新生劳动力的职业教育培训，越来越把焦点放到这个相对宽口径的范围中。许多国家确定的 300 个左右的国家职业教育培训科目，通常也在这个相对宽口径的范围中。

核心技能是数量最少但适用性最强的基本能力，是每个人的职业生涯中，甚至日常生活中必备的最重要的能力，它们具有普遍的适用性和广泛的可迁移性，其影响辐射到整个行业通用能力和职业特定能力领域，对人的终身发展和终身成就影响极其深远。开发和培育人的核心能力，将为他们提供最广泛的就业范围，打下终身发展的基础。

五、增长职场见识

（一）目标不轻易改变，方法可以调整

当我们认真去做一件事情，最后却没有做成，想来无非两种可能：不是方法有问题，做法不对，就是目标有问题，不切实际。如果你面对这种局面，会选择改变哪一个呢？不同的选择，昭示着不同的命运。你可以选择改变方法，坚定地渴望达成目标，这个办法不行就换那个办法，办法总比困难多。这种选择多半能成事，变成大家认可的成功者。你也可以选择改变目标，退而求其次也好，曲线救国也罢，通过降低预期值来减少挫败感。不过这种选择最后几乎都会半途而废，变成反面典型的失败者。能成事的职场达人，都是习惯于改变方法而不改变目标的人；而毫无建树的普通人，都是习惯于改变目标而不改变方法的人。所谓的成功和失败，其实就这么点儿区别。

（二）掂量自己

我们不论是为人处事，还是在职场上都要学会掂量。学会掂量是一种处世哲学，更是一种处世技巧。学会掂量可以使人在生活中稳健地向自己的目标推进。因此，智者立于世须学会掂量。在现实生活中，有一些人能力超群，才学过人，但总得不到应有的重用，就是没有学会掂量所致。学会掂量，找准自己的角色定位，是智者立于世的关键。在为人处世中，事事断然不可强出风头。为人做事时首先必须掂量一下自己的份量，找准自己的角色定位，明白哪些是属于自己该做的事情，就责无旁贷地努力去完成，并力求做到尽善尽美；对于自己责任之外的事情，要能分清孰轻孰重，不应该涉及的尽量不要去涉及，尤其不要以"内行人""明白人"的身份或者其他的"高人一等"的态度去恣意妄为，指手划脚。

学会掂量，迂回包抄，实现名利双赢是智者惯用的手段。人生一辈子，在名与利的诱惑下，如何取舍，将是一个人能否成就大事的关键所在。对于名利，人人渴之望之。智者对于名利是尽量不会表现得过于热衷的，贪小利而乱大谋，以免成为众矢之的，成为大家排挤的对象。如果时机未到，你强出风头，则会引起别人的反感。古训曰，"出头的橡子先烂""木秀于林，风必摧之""直木先伐，甘井先竭"……也就是说，人要警惕环境的险恶，人心的叵测。因为风头出尽的人最容易引来别人的妒忌，成为别人攻击的对象。智者每个时刻都应该韬光养晦，不露锋芒，不动声色，要认识到：有时风平浪静才是最大的危险。即使你对名利有所追求，也要讲究方法，"取之有道"，不能不择手段，不要"眉毛胡子一把抓"，更不可过于赤裸。至少在表面上应该表现为含而不露，通过为人处事之道结合实际去赢得大家的认同，从而取之获之。兵法上说：对于胜利，迂回包抄有时远比正面直接进攻要有效得多。因此，在名利面前，智者必须知道如何取舍，方能游刃有余！

学会掂量，不可"越位"是智者立于世的精髓。不能认为凡事只有自己才可马到成功手到擒来，他人纯属"跑龙套"当配角之辈，更不可认为你是世界的中心，要知道离了你这个地球照样转动。中国在几千年的封建思想的影响下，虽说"能者居之"为用人之正道，但"能者谦之"则更能得益。历史上，多少才华横溢者因不会掂量而被贬斥，被流放，甚至丢掉性命，类似的例子举不胜举。智者立于世，当相时而动，其中"度"的把握最为重要，切不可"越位"而"吃牌"。这正如精彩的足球运动，"越位"后的进球虽然漂亮但均属无效，越位者还有可能受到惩罚，严重者或可出局。

学会掂量，不过分张扬，不踩在别人的肩膀上攀登，可服众望得人心是智者立于世之大道。智者立于世需要理智，它要求你在工作与处事的过程中沉着稳定，不以情绪支配自己的言行，不受心理欲望蛊惑自己的心志。因为一个人在你言谈举止之时，别人都在观察你、品评你、注视你。你有成就，你肯努力，严以律己，待人宽厚，处事有方，别人就会欣赏你、钦佩你，并最终向你靠近。

学会掂量，知道自己有几斤几两，知道自己的鞭有多长、矛有多尖、盾有多厚，才能不被过高的欲望所迷惑，才能脚踏实地，让自己活得舒心。

智者立于世须学会掂量。大智若愚，淡泊方以明志，宁静而可致远。

（三）用好人脉

要保持努力，让自己成为一个优秀的人。优秀的人会具备吸引力，会让更多的人愿意认识你，随着时间的推移，自己的人脉资源会越来越丰富。

采取积极主动的方式。职场中要积累人脉，还是需要自己主动去争取，积极去面对。要多认识人，多参加活动，不要自己停留在办公桌前，要走出去，让自己认识更多的人。

利用互联网平台来认识更多的人。现在的微信群、QQ群等都可以帮助自己认识更多的人，还有一些专业的人脉交流平台都是自己积累人脉的地方。

保持认真和诚信。交朋友还是需要认真一些，诚信一些，这样的态度会让自己的人际关系越来越好，并且最关键的一点是，这样的交友态度会让自己的朋友关系更和谐融洽。

不要太看重利益。虽然职场中积累人脉的关键目的是成就自己的事业，在与人刚开始接触和已经交往的过程中都不要太看重利益，越是看重往往越得不到。

懂得把握好分寸，给人舒服的相处感觉才会让自己的人脉越来越牢固。职场中要想认识更多的人，方式和方法有很多，但要真正将这些认识的人变成自己的人脉，还是需要懂得把握好分寸，要让对方喜欢和自己交流才是最佳的方式。

能够独善其身，也能乐于助人。要积累人脉，需要独善其身，需要把自己做事做人的态度摆正，同时也要学会乐于助人，好的人脉有时候是麻烦出来的，是帮出来的。

【案例分享】[①]

在一次招聘会上，某著名外企人事经理说，他们本想招一个有丰富工作经验的资深会计人员，结果却破例招了一位刚毕业的女大学生，让他们改变主意的起因只是一个小小的细节：这个学生当场拿出了两块钱。

人事经理说，当时，女大学生因为没有工作经验，在面试一关即遭到了拒绝，但她并没有气馁，一再坚持。她对主考官说："请再给我一次机会，让我参加完笔试。"主考官拗不过她，就答应了她的请求。结果，她通过了笔试，由人事经理亲自复试。

人事经理对她颇有好感，因她的笔试成绩最好，不过，女孩的话让经理有些失望。她说自己没工作过，唯一的经验是在学校掌管过学生会财务。

找一个没有工作经验的人做财务会计不是他们的预期，经理决定收兵："今天就到这里，如有消息我会打电话通知你。"女孩从座位上站起来，向经理点点头，从口袋里掏出两块钱双手递给经理："不管是否录取，请都给我打个电话。"

经理从未见过这种情况，问："你怎么知道我不给没有录用的人打电话？""您刚才说有消息就打，那言下之意就是没录取就不打了。"经理对这个女孩产生了浓厚的兴趣，问："如果你没被录取，我打电话，你想知道些什么呢？""请告诉我，在什么地方我不能达到你们的要求，在哪方面不够好，我好改进。""那两块钱……"女孩微笑道："给没有被录用的人打电话不属于公司的正常开支，所以由我付电话费，请您一定打。"经理也笑了，"请你把两块钱收回，我不会打电话了，我现在就通知你，你被录用了。"

记者问："仅凭两块钱就招了一个没有经验的人，是不是太感情用事了？"

经理说："不是。这些面试细节反映了她作为财务人员具有良好的素质和人品，人品和素质有时比资历和经验更为重要。第一，她一开始便被拒绝，但却一再争取，说明她有坚毅的品格。财务是十分繁杂的工作，没有足够的耐心和毅力是不可能做好的；第二，她能坦言自己没有工作经验，显示了一种诚信，这对搞财务工作尤为重要；第三，即使不被

---

① 杜海忆，鄢向荣. 人际关系与通用礼仪［M］. 天津：天津大学出版社，2011.

录取，也希望能得到别人的评价，说明她有直面不足的勇气和敢于承担责任的上进心。员工不可能把每项工作都做得很完美，我们接受失误，却不能接受员工自满不前；第四，女孩自掏电话费，反映出她公私分明的良好品德，这更是财务工作不可或缺的。"

【动感小课堂】

游戏互动：发现身边人的美。分别进行两两配对，写下自己和他人的八个优点，互相交换后，对比自我和他人对自己的评价。

六、修炼赏识

（一）宽容——赏识他人①

做人不是做给别人看的，而是为了让自己活得实在和舒畅。尽管做人的学问没有固定的法则，但是它存在一些通则，如果能够静下心来去研究研究这些通则，你就会觉得和以前大不一样。

做事之道、做事的学问是有许多方面的，但是有许多人却无法活学活用，运用到实践中，所以常常事倍功半，甚至半途而废。当我们用心分析那些成功人士的履历的时候，就会发现，他们都有一种独特的做事之道，或者说他们总是在琢磨适合自己发展的方法，他们在不断地选择，不断地排除，从最佳的"路线"开始突破，所以赢得了自己成功的人生。

做事是要讲本领的，也是要讲技巧的，根本不能带有盲目性。聪明人善于以做人带动做事，以做事扩大成果，并把这两项视为人生牢不可破的定律。

做人要有宽容的品质。歌德说，人不能孤独地生活，他需要社会。良好的人际关系，不仅能给人生带来快乐，而且能助人走向成功。宽容的品质则是建立良好人际关系的基石，在相互宽容谅解中求得共同的发展和进步是一种良好的愿望。一个人只有具备了宽容的品质，才会懂得理解和尊重他人，才会有爱人之心，有容人之量，成为识大体、顾大局的人。要做一个宽容的人，笔者觉得应该从以下几点做起。

赏识别人的优点，包容他人的不足。古人说得好："尺有所短，寸有所长。""金无足赤，人无完人。"每个人都有优点和不足，世上有能人，但绝对没有完人。每个人独立的个性差异决定了人与人之间的矛盾不可避免。要解决这些矛盾，就必须具备宽容的品质。宽容的前提是什么？是赏识！只有会赏识的人才有宽容的品质，也只有具有赏识之心的人才称得上是宽容的人。我们知道，每个人都渴望得到赏识，每个人内心都是愿意和赏识自己的人一起工作、一起生活。人，或多或少都有这样或那样的不足，因此，要做到宽容，就要学会用"电脑窗口"功能，看他人优点时最好将其"最大化"，看缺点时和不关要紧

---

① 孙郡锴. 想法决定活法 [M]. 北京：中国华侨出版社，2013.

的事最好将其"最小化"。

正视自己，善待"弱者"。认识自己、正视自己不容易，要善待"弱者"更不容易。我们都是凡夫俗子，不可能是完人，不可能没有错误，当我们发现自己犯错误的时候，不要忧心忡忡，要及时诚恳主动道歉，让对方感受到你的诚心。当别人有了过错的时候，我们要善待对方，不要得理不让人，什么都争高低和强弱，要从别人的角度考虑问题，不要把自己的思维方式强加于人。当然，宽容有度，宽容不是纵容，我们对一些事也要讲理，但即使要讲理，也要晓之以理，注意别人的自尊和承受度，要让人体会到你对他的尊重，特别不能搞"株连""算总账"，否则会导致自己的心理错位，也会使矛盾扩大化。善待别人，其实就是善待自己，我们何乐而不为？

学会淡忘，用感恩的心对待生活。或许你曾经遭受过别人对你成功的嫉妒，或许有人因处事不公亏待过你，或许有人方式不当让你受了委屈，或许有人因势利伤害了你……对于这些，你大可不必耿耿于怀，既不要将自己想当然的一些东西强加于无关的人，更不要想到要以牙还牙，采取什么办法变本加厉"回敬"对方、中伤对方。最好的办法是不把这些让你不快乐的事放在心上，如果你始终跟自己过不去而处于一种烦恼的情绪中，无疑只会在自己心里留下刻薄的阴影，最后形成一种恶性循环。我们必须要学会乐观，乐观地把它作为生活的积累；学会感恩，感谢生活给你磨炼自己的机会；要用自己的人格魅力去感化对方。

提高素养，开阔视野。人与人之间的关键如果是封闭、孤独而不善交往的，就会让人心胸狭窄，宽容也就无从谈起。因此，要尽可能创造条件，广交朋友，多见世面，不要把自己固定在固有的小天地里。同时还要不断加强学习，提高自己的素养，激发生活的热情，让生活充满阳光，让心灵充满阳光。充满阳光的人生不正是我们所要追求的吗？

（二）从容——赏识自己

生活中有很多种快乐，但有一种快乐能够让人终生难忘。那就是得到真诚的鼓励和真正的欣赏。鼓励和欣赏（哪怕是暗示）可以帮助一个人战胜自我，获得自信，从而更加勇敢地面对生活。

怎样让自己快乐起来呢？如果身边有欣赏你的人，你一定会感到快乐。但是，现实的复杂性往往给生活增添了层层神秘的色彩，很多事情多多少少存在一些不可预知性。我们只能说那是一种"缘份"，需要你在茫茫人海中去寻找那份属于自己的快乐。

求人不如求己。因此，最简单的让自己快乐起来的方法就是学会自我欣赏，适当地自我鼓励，从点点滴滴的自我完善中获得快乐。

欣赏自己的人是自信的人。欣赏自己的人是没有偶像的，因为人们对于偶像的感情只能是崇拜和羡慕，可是如果一个人太崇拜和羡慕一个人，这样也便失去了自我，很难挣脱，就像萤火虫从来就不崇拜和羡慕太阳一样，它只是欣赏自己和欣赏太阳，所以才能到了晚上靠自己的力量发出不一样的光来。欣赏自己的人总是带着同样欣赏的目光去欣赏别人——只是欣赏，而不是崇拜或者羡慕。于是，这样的人很容易学习别人的优点，变成自己的优点。欣赏自己的人便是会学习的人。

推此及彼，我们周围的人（无论是孩子还是长者，也无论是同学还是领导）一样需要得到鼓励和欣赏，所以，不妨把你的掌声送给他们，用你的方式去欣赏他们，当然，结果是自己也能分享他们的快乐。其实，让自己和他人快乐起来的道理很简单，那就是学会相互欣赏。欣赏激活创造力，创造带给人快乐，快乐增强信心，信心提高生活质量。

我们必须学会自我欣赏、自我品评，学会在无人喝彩的时候能照样前行，而且行得更好；更要学会欣赏他人，将你的快乐带给他们。如果我们都能用一种欣赏的眼光去善待自己和身边的每一个朋友，世界一定会更加美好。

当我们欣赏自己的时候，会更多地得到别人的欣赏。不要先成为别人喜欢的样子，要先成为你自己喜欢的样子。你会喜欢一个不由自主、毫无选择能力、只能"自动"爱你的人，还是一个明白自己有很多选择，却"选择"爱你的人呢？哪一种选择更令你动容呢？你的选择也就是每一个人的选择。

学会欣赏自己，首先要学会爱自己，但是你必须先了解自己，了解自己之后才知道如何爱自己，明白自己想要表达什么。

学会欣赏自己，其次要培养自己优雅的举止。优雅不是"矫揉造作"，优雅是"以最少的能量创造最大的效益"。仔细注意镜子中的自己，看看自己的举止是否得体，微笑是否宜人，大胆地评价自己，你如何观察别人，就如何观察自己。你要使自己看起来优雅脱俗，气度不凡，你才会成为别人眼中的一抹亮色。

学会欣赏自己，还要多做些你有信心可以完成的事，因为使自己完美的另一个要素就是自信。培养自信，你将会更加清楚地认识自己的价值，一个有价值又有自信的人怎么会没有魅力呢？但是，要明晰自信和自负之间的区别，自信是相信"我们都可以做到"，自负却是"只有我能做到"。

学会欣赏自己，最后还要让自己成为天真的人。了解自己本质的人都是天真的，因为他们明了真、善、美是一体的，他们决定活在真理当中，同时，他们也活在美中。

【核心小结】

1. 掌握知识——多读点好书。
2. 运用常识——多交点能人。
3. 增长见识——多去点异地。
4. 历练胆识——多做点大事。
5. 修炼赏识——多想点对方。

风采女性·职场装备

【学习目标】

◎职场形象塑造、内在素养修炼。

【课程导入】

课堂活动：如果说职场是一个江湖，那么你认为需要掌握什么技能才能立足？你自己认为你掌握了哪些技能？

一、服饰语言

艾莉森·路瑞在《服装的语言》中这样说：在我还没有在街上或者会议中与你近距离谈话的时候，你的衣着打扮就已经告诉了我你的性别、年龄及所处阶层，很可能还有其他一些重要的信息，如职业、出身、性格、爱好、品味和当天的情绪等。在会面和交谈之前，我们已经用更为古老和通用的语言进行了交流。

我们穿不同的校服，可以区分不同学校，也让别人一眼就知道你是个高中生或初中生；我们穿制服，可以知道一个人的职业（比如警察、法官、律师、邮差、饭堂阿姨、保安、武警、护士、医生）；我们穿正装，可以看出我们内心的重视程度（所处的场合不同意味着正装不同，如婚礼、葬礼、面试场合、宴会、聚会）。

那么我们可以知道，服装是有语言的。

那么我们在职场上，应该以怎样的着装示人？在心理学上，首次见面后的 20 秒最容易给人留下深刻的第一印象，而这 20 秒的印象很大程度上是由你的衣着决定的，可见面试着装的重要性。到底什么样的着装在职场上才是加分项呢？

概括来说，就是五分整洁+三分简单+两分素色，遵循这个原则比例打造的是绝对稳妥的面试服装。整洁：衣服无污垢、无油渍、无异味、无褶皱。简单：款式简单、自然流畅，无多余修饰。素色：黑、白、灰经典色彩，加上蓝、绿、紫等点缀，优雅不张扬、不刺眼。

不论是什么样子的服装，只要干净整齐，形象上就获得了 50% 的肯定。加上款式的纯粹和简约，你的面试着装形象就得到了 80% 认同。剩下的 20% 就是点缀一种让所有人都能接受的平平常常的色彩了。

服装的色彩比款式还要引人注目，在选择服装时要格外谨慎。选择黑色、灰色、白色、深蓝色、深棕色的职场通行色服装最为安全。如果不是去应聘时尚编辑、广告创意那些需要体现个性的职位，就本着"但求无过"的选色心态，以体现出着装者雅致、端庄、稳重的气质。

【动感小课堂】

每四个人为一组，尝试着欣赏彼此的着装，告诉老师，通过这些你看到了什么？比如专业、哪里人、情绪、性格、爱好等。大家积极来尝试一下，当然也可以来评论一下老师，或者讲讲你之前遇到过的有趣的与着装有关的经历。

二、职场"小白"衣柜必备

（一）连衣裙+小西装上衣，全天候经典面试装

极简风格的黑色小西装上衣是职场永远的经典服饰，也是面试时最稳妥的着装。里面搭配一条同样极简风格的灰色或白色连衣裙，裙摆在膝盖上1寸（1寸≈3.333 3厘米），或膝盖下2寸的位置。这样的着装能帮助你完全褪去学生的幼稚气，打造出成熟和干练的职场风范。

适合应聘场合：任何企业的现场面试。

适合季节：四季。

服装表达的语言：已经用成熟的形象做好准备迎接新的工作挑战，并且足以胜任。

（二）西服+及膝裙+衬衫（T恤），不败的经典

还是那件极简风格的黑色小西装，下身改搭一条经典及膝裙。及膝裙长度到膝盖，款式上可以是A字裙、铅笔裙、一步裙。色彩在黑色、灰色、白色中选择。这也是运用全年任何季节的面试经典组合着装。

衬衫的选择可以根据季节来定，比如冷天选白色棉质的长袖衬衫，首选基本款，就是衣服上没有多余的装饰物；也可选电视剧《杜拉拉升职记》里，杜拉拉经过薇薇安点拨后穿上身的前襟有荷叶边装饰的款式。

适合应聘场合：任何企业的面试现场。

适合季节：四季。

服装表达的语言：脱离了校园的幼稚学生气，具备了职业素养，体现着活力和实力兼备的自信。

（三）升级版

面试衣橱的基本配备：2件小西装、3件衬衫、2件及膝裙、3件连衣裙。

面试衣橱的时尚配备：4件小西装、2件衬衫、2件打底衫、2件及膝裙、2件高腰裙、3件连衣裙。

（四）服饰小技巧

套装确实是目前最适合女性的服装，但过分花哨、夸张的款式绝对要避免；太过大众

化的套装又千篇一律，应掌握如何配饰、点缀使其免于死板之感，若是将几组套装进行巧妙的搭配，不仅是个性化的穿着趋势，也是符合经济原则的装扮。

质料的讲究已经是不折不扣的事实。所谓质料是指服装采用的布料、裁制手工、外形轮廓等条件的精良与否。职业女性在选择套装时一定不要忽视它。

过分性感或暴露的服装绝不能出现在办公室中，这会惹出不必要的麻烦，更会给人留下"花瓶"的印象，失去升职的可能。若是看重自身的职业或事业心重的女性，千万要注意这一点。

现代职业女性需要经常花心思在服装的变化上，所以，懂得如何以巧妙的装饰来突显个性的问题，是现代职业女性必须明了的。

穿着是讲究礼仪的，在适当的时间、地点及场所穿着适宜的服装是现代女性不可忽视的。职业女性还必须注意，除了穿着应该考究以外，从头至脚的装扮也应讲究整体美。

职业女性穿着套装固然非常适宜，但凡是能够表现职业女性应有风范的服装都值得一试，在一定的规则之下，可尽情享受穿着的乐趣，而且这也是现代职业女性的权利。

【动感小课堂】

进入大学后，你是否有自己的职场技能修炼时间表？

三、为就职积蓄能量

大学生最错误的心态是就业离自己还太远。因此，就职技能不是一时半会可以修炼的，而是大家必须从现在开始做起。

大一：问自己，我三年后要做什么？（想做；能做；需要做）。

大二：问自己，我的求职储备有多少？（学习成绩、专业水平、交际能力等）。

大三：问自己，我知道的求职技巧有多少？（开始系统求职，我的把握有多大）。

那么，具体而言，我们可以做一些什么具体的准备呢？

（一）让你多一块敲门砖

学习办公软件、专业知识，提高英语水平，考驾驶证。

（二）帮自己建立受用一生的人脉

进入大学独立生活前，我们的父母都会告诫我们跟同学搞好关系，可能很多人没太当回事。其实，这样简简单单的一句话，就说明了建立自己人脉的重要性。身处校园的同学，可能还不太能体会到"有人好办事"这句话的重要性。但试想一下，当你毕业找工作的时候，有院系老师的推荐，有学长学姐的指路，有同学的帮忙，你的工作还会很难找吗？

1. 人脉，以"诚"为本

建立人脉，有人会觉得这是有目的性地去交朋友，会很反感，其实不然。你可以是有目的性去接近一个人，去跟一个人做朋友，但一定要以一颗真诚的心来处理两人之间的关系，这样你才会赢得对方的尊重，你们才能成为朋友。要不然的话，你很可能沦为对方的"跟班"，或者你们仅仅是"认识"而已。

2. 不要让自己成为"隐形人"

凡是成功的人，都没有默默无闻的。如果你在大学里太过于"安分守己"，很容易就会被同学和老师忽略而成为"隐形人"。你要多多参加学校各种活动，积极地多组织各种小聚会等，让更多的人认识你，也使自己认识更多的人，在学校或院系里建立牢固的人际关系，不仅是锻炼自己的机会，也是你扩大人际圈的最好时机。在各种活动中，你可以认识不同院系的同学，可以认识更多的学长学姐，可以让学校的老师领导对你记忆深刻，而这些都将成为你的人脉。

3. 让自己成为被感谢的人

朋友之间讲究的是互相帮助，如果你总是感谢别人，是不是说明你自己的能力有问题呢？你可以感谢别人，但同时也要成为被别人感谢的人，这样你的人脉不但会更牢固，也会提高你自身的价值，成为有交往资本的人。

（三）让兼职成为进步的阶梯①

大学生的学习更重要，还是社会实践更重要？其实，这两者无所谓孰轻孰重，关键要看你如何来调整。很多企业仅把应聘者的学习成绩作为参考，也有一些企业对成绩有所要求，但即使看重成绩的公司，也绝非只看重学生的学习能力，而更想从中考察你对待学习的态度。"学生的本职是学习，对待学习的态度，或许就是日后对待工作的态度。"一位招聘主管如是说。而社会是一所没有围墙的课堂，实践是一种对于自我的磨炼。有选择性地参加一些社会实践，如兼职、志愿者、国际交流等，不但会使你的综合能力得到锻炼和提高，也更能让你亲身体会到团队精神的重要性，而这也是一些企业较为看重的地方。

现在很多在校大学生都会找兼职，这样可以挣些钱，缓解自己的经济压力，但找兼职也有窍门。家教是大学生兼职的热门职业。如果你是师范专业的学生，做家教不但可以有份不错的收入，也可以积累你的授课经验。如果你教的学生在高考、中考中都取得不错的成绩，那也将成为你未来应聘的加分点。而其他一些专业的学生来说，在找兼职的时候，最好还是找与自己专业相关或是自己兴趣所在的行业进行兼职。

四、找到自己的组织

我们常说，在家靠父母，出外靠朋友。当你踏入职场，也许你要做的不仅仅是自己做好准备，更要了解社会上的规矩。也就是说，你需要了解你的行业、你的公司、你的组织、你的老板。

---

① 张晓梅. 职场形象设计手册 从面试到入职［M］. 北京：化学工业出版社，2016.

也许大家会说，现在还没工作怎么了解公司呢？

我们先要知道一些通用的东西，才能够有备无患。

在职场，大家会进入一个行业，一个单位或公司，获得一个职位里，承担一定的职责，这是环环相扣的，但是很多人并不知道，在这之前就已经有许多需要了解的事情了。

对于每一个即将走出校园的学生而言，选择哪个行业、什么公司、什么职位，这是一道决定你后半生幸福与否的关键选择题。但很多同学对于自己的理想职业都是一脸茫然，不知道自己想做什么样的工作，要不然就是不切实际的幻想，总觉得自己高人一等，与众不同。虽然这个世界上有股神巴菲特，有比尔·盖茨，但更多的都是平凡的普通人。人，只有有了目标，才会有动力。也许你会说：职业规划？我不知道要怎么做呀！那就让下面的内容助你一臂之力吧。

【动感小课堂】

罗列一些常见的企事业机关单位的名称，让学生去区分它们的类型、行业、性质等。

（一）了解不同的企业[①]

国企、外企、私企……你想从哪开始？你需要具备什么样的能力和素质才能获得它们的青睐？

国企——优秀的课业成绩单、得体的言谈、整洁简单的穿戴。国有企业在招聘时，通常更加倾向于聘用"行为比较稳重踏实"的毕业生。

外企——名牌大学毕业更有优势。名牌大学的毕业生，在应聘外资企业的时候很有优势，因为很多外企都最爱在名牌大学中寻找自己未来的职员。专业并不是那么重要：外企通常都认为工作技能和经验可以通过完整、系统的培训来获得，因此对毕业生的专业知识重视程度比较一般。例如，宝洁公司每年都会从北大、清华等全国知名高校招聘高才生，他们对应届毕业生采取"三不"政策，即不限专业、不限成绩、不限性别。

小型民营企业处于刚刚起步的阶段，所能提供的工资待遇较低，对毕业生的吸引力也较低。如果企业所在的行业是有发展的，企业的老板是有能力的，也不失为毕业生一个不错的选择。

对于大学毕业生来说，各个类型企业的职业发展前途和"钱途"都各有千秋。想要在职场迅速得到晋升，勤奋是不能缺少的。别以为国企压力小，那是人们对它的误解，国企忙起来也是要经常加班的，尤其是效益好的国企。外企的压力大，特别是日本、韩国的企业，它们有较为森严的等级制度，欧美的外资企业相对来说职场氛围要轻松一些。

---

① 张晓梅. 职场形象设计手册 从面试到入职［M］. 北京：化学工业出版社，2016.

（二）了解企业内部运作

对各种类型的企业有了宏观了解后，再怎么进行微观的了解呢？当然，路遥知马力，但是如果要快速了解，还是需要一些技巧的。

比如，别小看"电话号码本"。工资少了，我该找谁？电话号码本会告诉你找管财务的人。病假我找谁批？电话号码本会告诉你谁是你的领导。有人来找办事，你怎么接待？电话号码本会帮你知道什么部门负责什么事，什么事找谁。

（三）了解自己在企业中的位置

了解了公司的情况后，更为重要的是，找准自己在企业中的位置，明白自己应承担的工作职责。

了解了自己，还要了解很重要的一个人：你的老板，或者你的直属领导。工作方式越有效率，你所得到的结果会越好。

【案例分享】①

不过，拉拉得承认：李斯特虽然不太帮她，却有个好处，叫做"充分授权"。以前玫瑰管她的时候，很细节琐碎的事情都要请示汇报过才可以动，搞得人做起事来缩手缩脚的，拉拉时常为此郁闷。而到了李斯特这儿，一般就大的原则和他沟通过后，他便放手让下属自己去干了。拉拉得以充分发挥主观能动性，觉得很爽。

李斯特还有个好处，就是待人和气。拉拉有做得不妥当的，他一般只是通过就事论事地问她问题，来让她明白自己的失误，点到即止。比如拉拉忘记让人对公司的后门限制出入，李斯特看到了，就问拉拉：哪一类员工可以出入后门？拉拉便明白自己忘记让维护商对后门的门禁系统设置出入限制了。

李斯特的这种和气，让拉拉心情舒畅很多，不比玫瑰管她的时候，不知道什么事情会挨训，一接电话就神经紧张。

拉拉没有从王蔷那里获得解决之道，只得自己动脑筋想法子。

她指使海伦取得上海办行政报告的格式，经研究确认大致适合广州办使用后，她就直接采用上海办的格式取代了广州办原先的报告格式。

这一举措果然讨得玫瑰的欢心，由于拉拉使用了她惯用的格式，使得她在查阅数据的时候，方便了很多，也让她获得被追随的满足感。

对拉拉来说，玫瑰自然不会挑剔一套她本人推崇的格式，因此拉拉也就规避了因为报告格式不合玫瑰心意而挨骂的风险。

这是典型的双赢。

---

① 李可. 杜拉拉升职记 [M]. 西安：陕西师范大学出版社，2008.

五、寻求合作伙伴

在职场上，除了与事打交道，更多的是要与同事打交道，与之相处之道的重要性不言而喻。

大家想想，那些年一群成长的伙伴。为什么你们成为伙伴，在很多年后还能够彼此联系倾诉心声？虽然职场牵扯很多利益和竞争，但是更多的是合作。这些与班干、社团的工作有相似之处。

那么，我们可以怎么做？

（一）多问——我可以为对方做些什么？避免只考虑对方能为我做些什么？

把意图和目的摆在一旁，真诚会带来好的联系，而好的联系是真实友谊的基础。你和他们目前有些什么样的接触或往来？你对他们有什么样的了解？在公事上，你有什么样的机会可以多些时间和他们相处？在私底下，你有什么其他的机会可以多接近他们？你要怎么让自己对他们有所帮助？

（二）"隐形人"与"大声公"的抉择？——沉默，必然是金

隐私有时候是职场人际关系的润滑剂，与职场闺蜜互诉心事便于拉近彼此的距离。然而职场环境复杂，"杜拉拉们"之间因为有了利益的关系，很难成为真正交心的朋友。有时候，这些被泄露出去的隐私，会带来许多不必要的麻烦。一定要知道什么可以分享，什么不能分享，管好那些不该、不能、也完全没有必要分享的隐私，包括自己电脑里的私人文件夹、博客里的私人日记……热爱工作的同时，给工作和生活找到一个缓冲带，不要被隐私影响到自己的职业发展。

【案例分享】

过了两个月，总部 HR 一位和拉拉要好的同事来广州出差，忽然说起王蔷被炒了。

拉拉大吃一惊，虽然感到王蔷迟早要离开，但是事先没有听到任何风声。

拉拉忙问："什么时候的事情，为了什么？"

那位同事说："就昨天的事情，据说是因为王蔷在人际关系上有问题，北区很多同事都对她的行事风格有意见。"

这个原因，拉拉也猜到了一多半，她接着问道："有什么具体事例吗？"

对方压低嗓子说："王蔷去查 locate（常驻）在北京的总监的汽油和手机话费使用情况，说话不对，把人惹火了，人家找李斯特发了一通脾气，李斯特很生气。"

在汽油和手机话费方面，公司本来就对总监级别毫无限制，这某某总监又是公司里当红的实力派，李斯特也要让他三分的。像这号人物，王蔷不知深浅去碰，被炒也算是deserve it（自找）了。

王蔷虽然不够能干又有些自我，总算是有经验的大办事处行政主管，拉拉很不解她怎

么会干这等傻事。

拉拉说："单凭这总监说王蔷不好，就可以让王蔷走路啦？"

那位同事诡秘地说："关键没有人出面帮王蔷说好话呀。要是这时候她的直接主管出来保她，她应该是能过关的，以后注意技巧就是了。可王蔷和玫瑰的关系，你也知道的。而且，北京办别的几个大头，也没有人有兴趣维护王蔷。"

（三）办公室无闺蜜？——要想别人对你好，你首先要对他好

同事可以一同吃喝玩乐，不可谈任何实质问题，更不宜交心，因为说不定哪天你们的位置和关系会发生改变，到时有些往事造成的影响就很难说了。跟同事交往的时候可以"下棋"，即在细节上保护好自己。自己对同事了解的不多，也就少烦恼；不让同事了解自己的私人生活，也就保护了自己。

总之，和同事交朋友的风险和好处如硬币的两面一样并存。我们可以在享受"职场友谊"的同时，应对同事之间的相处之道。

【案例分享】

张凯问杜拉拉：做主管的是不是该跟下属保持一定私人距离？特别是和异性下属之间？拉拉回答说，同事之间合得来就做朋友，合不来就只谈公事莫扯私事。

【核心小结】

外塑形象，内靠合作，职场上的你，要内外兼修。

风采女性·职场法律

【学习目标】

◎了解职场必备法律知识。

◎掌握职场维权法律小技巧。

【课程导入】

拉拉曾与她的同事、公司大客户部总监王伟谈恋爱，但两人一直不敢公开恋爱关系。拉拉说："公司里有哪个经理在内部谈恋爱的？要是被公司知道，你是销售总监，总不会离开，那不就得我离开吗？我好不容易升到经理，不愿意这么快就离开。还有，何好德的栽培，对我来说是千载难逢的机会——如果他知道了，我总觉得他对我的态度会有变化。"

王伟说："拉拉你看这样好不好，何好德的任期还有一年半，这期间，你就好好工作，我们的关系不对公司的人公开，我会很小心的。等他期满卸任，咱们进展得顺利，就一起生活，你或者说不定我，总之我们中有一个离开 DB，如果觉得不适合一起生活，咱们就做好同事，这一点我向你保证。"

一位西安姑娘苏浅唱，大学毕业后和男朋友一起应聘 DB 公司，结果双双被负责招聘的田野相中。田野一看，这两人不仅是同一所大学毕业的，还是同一个专业同一届的，就生了疑心，追问之下，两个小朋友如实承认是男女朋友。田野声明只能收一个，结果要了苏浅唱。

一、公司章程与法律

职场的行为灯塔——公司章程：告诉我们需要做什么，该做或不该做，怎么做是公司里的最底线道德。

职场的至高利剑——法律：是最高的社会规则，是一种概括、普遍、严谨的行为规范。法律面前人人平等。

【知识广角镜】

办公室不能恋爱吗？

恋爱婚姻自由，是法律赋予公民的一项基本权利，企业无权加以任何形式的限制。员工之间恋爱结婚必须有一人离开公司的规定，没有法律依据，即使在劳动合同中约定也不行。解除劳动合同，除了本人辞职或双方协商一致外，需符合法定条件。终止劳动合同也需符合法定条件，《中华人民共和国劳动合同法实施条例》明确规定："用人单位与劳动者不得在劳动合同法第四十四条规定的劳动合同终止情形之外约定其他的劳动合同终止条件。"

但是，尽管公司不能禁止本单位员工恋爱结婚，却能合理限制恋爱结婚后双方在一起工作。因为双方一同工作或有上下级关系，的确会对工作带来诸多不便，对其他员工也不公平。所以，单位可根据工作需要变动工作岗位，双方为此发生争议的，应由用人单位举证证明其调职具有充分的合理性。

另外，单位还可规定同事之间恋爱结婚必须及时向公司报告，否则作违纪处理。事实上，小说《杜拉拉升职记》中几位同事之间的恋爱关系，由于没有处理妥当，不仅给DB公司，也给本人带来了不小的损害。

【知识广角镜】

田野拒绝苏浅唱和男友一起应聘合法吗？

《中华人民共和国劳动合同法》规定，用人单位招用劳动者时，有权了解劳动者与劳动合同直接相关的基本情况，劳动者应当如实说明。一般情况下，劳动者的恋爱、婚姻、生育情况并非与劳动合同直接相关，劳动者并无如实说明的义务。

但是，用人单位了解可能同时成为本单位成员的求职者之间是否具有恋爱婚姻关系，有其一定的合理性，因为这可能影响到劳动合同的履行。至于用人单位一概拒绝互有恋爱或婚姻关系的员工应聘，则有侵害劳动者就业权之嫌。

二、我的签约权利——永不放弃

与用人单位建立劳动关系的时候，就应当订立书面劳动合同，千万不能简单地口头约定。劳动合同由用人单位与劳动者协商一致，并经用人单位与劳动者在劳动合同文本上签字或者盖章生效。劳动合同应当在建立劳动关系的1个月内订立；用人单位自用工之日起超过1个月不满1年未与劳动者订立书面劳动合同的，应当向劳动者每月支付两倍的工资；同时，视为用人单位与劳动者已订立无固定期限劳动合同。

劳动合同是双方协商一致签订的，如果职工不愿签，那么合同中应当约定的"劳动报酬、工作时间、工作内容、社会保险、劳动保护、职业危害防护"等9项条款也无法确立，这就意味着劳动者自动放弃权利。

《中华人民共和国劳动合同法》出台后，原则上企业必须与职工签订合同，如果是职工自己不愿签，企业不能聘用职工。专家称，企业与职工签订合同是一种保障，也是一种制约，对于相对弱势的员工来说，合同体现更多的是一种保障。为了小利益而放弃大利益，显然是不值得的。此类奇怪的"特此证明"也表明，增强职工法治意识、维权意识，已成为构建和谐劳动关系的重要一环。

三、我的性别——别说女子不如男

当下，"只限男性""男性优先"这样的词语，在招聘会上屡见不鲜。有的用人单位还与女职工签订生育保证书，要求其一定时间内不准生育；更有的单位在合同中加入了"禁孕"条款。

为此，用人单位在招聘和录用职工时，除国家规定不适合妇女从事的工种或者岗位外，不得以性别为由拒绝招聘、录用符合条件的女性，或者提高对女性的录用标准。在孕期、产期、哺乳期期间，用人单位也不得违约变更其工作岗位或者降低其工资和福利待遇。

【案例分享】

拉拉到上海的当天，玫瑰找人力资源总监李斯特谈话，说她怀孕了，并有严重先兆流产的症状，需卧床休息三个月。她已三十有二，婚后一直怀孕困难，原以为后代无望，不期竟然怀上了。玫瑰一面说，一面眼里泪光婆娑。李斯特望着那张医院开出的假条，头顿时大了两号，他不可能让玫瑰冒着流产的危险来上班。

他一方面希望玫瑰的身体情况能侥幸早日稳定下来，一方面也知道不能指望这个了，只好请杜拉拉从广州到上海来临时接替玫瑰的工作。实际上，玫瑰是假装怀孕，半年后她忧伤地对李斯特说，孩子没保住。玫瑰回公司上班后，杜拉拉回到了广州办事处。

【知识广角镜】

首先，玫瑰请的半年假期属于什么性质？

是产前假吗？尽管修改后的《上海市实施中华人民共和国妇女权益保障法办法》规定："经二级以上医疗保健机构证明有习惯性流产史、严重的妊娠综合征、妊娠并发症等可能影响正常生育的，本人提出申请，用人单位应当批准其产前假。"但请产前假需妊娠七个月以上（照二十八周计算），产前假期限也不是半年而是两个半月，产前假期间工资按80%计算。

是保胎假吗？根据有关规定，女职工按计划生育怀孕，需要保胎休息的，其保胎休息的时间，按照本单位实行的疾病待遇的规定办理。就是说，请保胎假没有"工资白拿"的道理。

其实，不管是请产前假还是保胎假，都需由医师开具证明，单位可以对此进行审核。当然，玫瑰尽管是假怀孕，却也拿出了"假条"。但需指出的是，鉴于部分医疗机构没有规范的病假证明管理制度，单位可以指定医院进行复查，并规定是否给予病假，病假期限以复查结果为准；对于伪造病历假条的，按严重违纪处理。所以说，玫瑰假怀孕而白拿公司半年工资，这样的事情在管理流程严格的世界500强公司发生，实际上概率很小，读者切勿据此加以模仿。

假设玫瑰真的要生产，公司可以让拉拉正式接替她吗？

小说《杜拉拉升职记》中，玫瑰请假半年后，李斯特只安排拉拉暂时接替她的工作。假设玫瑰真的怀孕并要生产，公司可以让拉拉正式接替她吗？《上海市实施中华人民共和国妇女权益保障法办法》规定："女职工在孕期或者哺乳期不适应原工作岗位的，可以与用人单位协商调整该期间的工作岗位或者改善相应的工作条件。用人单位不得降低其原工资性收入。"即"三期"内对玫瑰可调岗但不得降薪。

至于玫瑰在"三期"结束后，是否应回到原岗位、工资又该如何确定，双方有约定的按约定处理，无约定的，单位可以根据工作需要和本人实际情况适当安排。即从法律角度看，当玫瑰请假超过一定期限，致使劳动合同无法履行，公司也可以安排拉拉正式接替她的工作。

四、我的合同——一条也不能少

合同的这些条款不可或缺：用人单位的名称、住所和法定代表人或者主要负责人；劳动者的姓名、住址和居民身份证或者其他有效身份证件号码；劳动合同期限；工作内容和工作地点；工作时间和休息休假；劳动报酬；社会保险；劳动保护、劳动条件和职业危害防护；劳动合同除前款规定的必备条款外，用人单位与劳动者可以约定试用期、培训、保密协议、补充保险和福利等其他事项。

【知识广角镜】

试用期工资

职场新人虽然在试用期难免如履薄冰，但也要保护好自己的权益。劳动合同相关法律规定，用人单位不得在试用期内随意辞退劳动者。同一用人单位与同一劳动者只能约定一次试用期。其还规定，试用期的工资不得低于本单位相同岗位最低档工资或者劳动合同约定工资的百分之八十，并不得低于用人单位所在地的最低工资标准。

试用期

《劳动合同法》第十九条规定：劳动合同期限在三个月以上不超过一年的，试用期不得超过一个月；劳动合同期限在一年以上不超过三年的，试用期不得超过二个月；劳动合同期限超过三年以上的，试用期不得超过六个月。

试用期无劳动合同的风险

试用期合格后再签劳动合同的可能构成事实劳动关系：这会导致未按时交纳公积金、未交纳而要求赔偿、无法享受社保待遇问题。

根据《中华人民共和国劳动合同法》，试用期包含在劳动合同期限内。劳动合同仅约定试用期的，试用期不成立，该期限为劳动合同期限。

违约金

违约金一向是用人单位绑住劳动者的"紧箍咒"，但是《中华人民共和国劳动合同法》颁布后，想炒老板鱿鱼的打工仔可以"挥挥衣袖不留下一分血汗钱"了。《中华人民共和国劳动合同法》规定，除非劳动者接受过单位的培训，或有保密协议和竞业限制的协议，劳动者不需向单位支付任何违约金，而且单位必须出具第三方开的培训费用发票才能证明对劳动者进行过培训，企业内部培训或没有第三方发票的都不算。

《中华人民共和国劳动合同法》实施后，并非毕业生违背了用人单位的意愿就要交"违约金"或者"经济赔偿金"。

《中华人民共和国劳动合同法》规定只有两类劳动者可以在劳动合同中约定违约金：一类是用人单位提供专项培训费用；另一类是对负有保守商业秘密和知识产权义务的高级管理人员、高级技术人员和其他负有保密义务的人员，如劳动者违反竞业限制的约定，应当按照约定支付违约金。

经济赔偿金主要是企业给劳动者的赔偿。《中华人民共和国劳动合同法》规定如果用人单位随意解除合同或者合同到期终止时用人单位不再续订的（包括用人单位降低劳动合同约定条件造成劳动者不再续订）都要向劳动者支付相应经济赔偿金。

五、我的加班——谁也不该欠谁

用人单位安排劳动者加班，应当按照下列标准支付劳动者加班工资：①工作日延长劳动时间的，按照不低于本人工资的百分之一百五十支付加班工资；②在休息日劳动又不能在六个月之内安排同等时间补休的，按照不低于本人工资的百分之二百支付加班工资；③在法定休假日劳动的，按照不低于本人工资的百分之三百支付加班工资。

前款第①项、第③项的加班加点工资支付周期自加班加点当日起最长不得超过一个月；第②项的加班工资支付周期自加班当日起最长不得超过六个月，但劳动合同履行期限不足六个月的，应当在劳动合同剩余时间内支付完毕。

【案例分享】

玫瑰辞职后，拉拉问李斯特："老板，我能做经理吗？"但李斯特只是打官腔。第二天，李斯特收到拉拉的邮件，拉拉指出，按照公司的规定，经理级别加班无补休，而主管级别加班不拿加班费，但是可补休。自己半年来每个月加班都达100小时以上，大大超过《中华人民共和国劳动法》规定的每月加班不得超过36小时的上限。拉拉询问李斯特将如何处理她这700多小时（折合88个工作日，按每个月21个工作日计算，则相当于超过4个月的工作时间）的加班。

拉拉在邮件中附上了六个月加班单的扫描件，每张加班单上都有李斯特的亲笔签名。李斯特看了这封邮件头很大。

DB 公司有关加班的规章制度在法律效应上是有问题的。

首先，经理级别加班无补休（也无加班费）的规定值得质疑。经理加班，原则上也应按照《中华人民共和国劳动法》规定支付加班费。当然，其中用人单位的安排，是认定加班的关键因素。如果是经理自愿性的延长工作时间，不属于法定意义上的加班，公司可不支付加班费。

当然，企业中的高级管理人员等因工作性质特殊，以及需机动作业的职工，经劳动部门批准可以实行不定时工作制。经批准实行不定时工时制的职工，不受《中华人民共和国劳动法》第四十一条规定的日延长工作时间标准和月延长工作时间标准的限制。对实行不定时工时制的员工，只有"在法定休假节日工作的，按照不低于劳动者本人日或小时工资标准的 300% 支付工资"，其他时间均不视为加班，企业也不支付加班工资。

其次，公司规定主管级别加班不拿加班费、只可补休的规定也未必妥当。《上海市企业工资支付办法》规定，用人单位根据实际需要安排劳动者在法定标准工作时间以外工作的，应按以下标准支付工资：工作日加班，工作日加班按照不低于劳动者本人小时工资标准的 150% 支付加班工资；休息日加班，休息日加班又不能安排补休的，按照不低于劳动者本人日或小时工资标准的 200% 支付加班工资；法定节假日加班，法定节假日加班按照不低于劳动者本人日或小时工资标准的 300% 支付加班工资。

所以，对拉拉 700 多个小时的加班时间应分别对待，只有对于其中的休息日加班时间才可规定"不拿加班费，但是可补休"，而对于其中的法定节假日加班和工作日加班只能支付加班工资而不能安排补休。

当然，对于工作日加班，双方协商一致约定补休且已履行完毕的，单位可不再支付加班费。但如拉拉的工作日加班补休尚未实际履行，拉拉仍可要求公司支付加班费，公司不能以相关规章制度为由拒绝支付。

六、我的跳槽——循规蹈矩为上计

《中华人民共和国劳动法》中规定，劳动者离职前 30 天应告之企业，但现在仍存在着员工想走就走，以致给企业经营造成被动的现象。新出台的《中华人民共和国劳动合同法》中规定："劳动者违反提前 30 日或者约定的提前通知期要求与用人单位解除劳动合同的，用人单位可以不予办理解除劳动合同手续。"也就是说单位可以不给违反规定的个人转档案，不给转走保险关系，不给新单位出具证明等，这就对随意跳槽行为带来了约束。

提醒：对于特殊员工离职通知期还可延长约定。

针对一些企业发现掌握企业机密的员工离职后泄密的现象，为维护企业的利益，新《中华人民共和国劳动合同法》中规定，用人单位在与按照岗位要求需要保守用人单位商业机密的劳动者订立劳动合同时，可以协商约定解除劳动合同的提前通知期；提前通知期最长不得超过 6 个月，在此期间，用人单位可以采取相应的脱密措施。

七、无固定期限合同——"铁饭碗"也会生锈

《中华人民共和国劳动合同法》提出了"无固定期限劳动合同"，改变了以往一些单位一年一签的惯例。劳动者在该用人单位连续工作满 10 年的；连续订立二次固定期限劳动合同，续订劳动合同的；以及用人单位自用工起满 1 年不与劳动者订立书面劳动合同的，除劳动者本人不愿意之外，都应当订立无固定期限劳动合同。但是需要说明的是无固定期限劳动合同并非"铁饭碗"，也并不是每个人都适合长期合同，应届生应该根据自己的实际情况来考虑签约期限。

八、性骚扰——我优雅地将你擒下

【案例分享】

拉拉的经理出去接个电话，拉拉坐下看一份传真，忽然感觉阿发拿脚在摩挲她的脚背。正是夏天，拉拉没有穿袜子，光脚穿着凉鞋。她浑身一激灵，活像有只又湿又冷的肥老鼠爬过她的脚背，一夜回到旧社会的感觉霎时扫去她满脸阳光。

拉拉把脚抽回来，假笑道："胡总，不好意思，我乱伸脚，碰到您了。"

职场性骚扰分很多种，有口头上的，有行动上的；有公司内部的，也有与客户之间的。面对职场性骚扰，一些女性选择忍气吞声，委曲求全，而这种软弱的态度往往会令对方得寸进尺。

为避免职场性骚扰事件发生在自己身上，首先要注意防备：衣着不要过于暴露，言语不要太暧昧，为自己树立端正的形象，可以有效避开许多不必要的麻烦。而假如已经遭遇到职场性骚扰，一定要学会拒绝，必要的时候搬出自己已有男朋友或者已经结婚的事实，尽量在不把气氛搞僵的前提下保护好自己。如果对方太过分，作为弱势的女性一方也不要服软，哪怕得罪人，也要严词拒绝。要记住，女性在工作中需要付出的是个人能力，而不是尊严。

【核心小结】

一身行头——我的职场衣柜；

一身武功——我的修炼秘籍；

一个组织——我的公司与上司；

一群伙伴——我的前后左右桌；

一把武器——我的贴身保镖。

我们统称为"五个一"，用这五个一行走在职场江湖，让我们成为职场江湖的高手！

风采女性·职场沟通一

【学习目标】

◎掌握职场沟通的原则与方法。

◎充分发挥女性优势进行沟通。

【课程导入】

被誉为 20 世纪最伟大的心灵导师和成功学大师的美国成人教育之父——戴尔·卡耐基（1888—1955）认为，人际关系是成功的最重要的因素。他指出：一个人事业的成功，只有 15% 是由于他的专业技术，另外的 85% 要靠人际关系、处世技巧。有人说，一个人的成功，20% 靠专业知识，40% 靠人际关系，另外 40% 需要观察、思考、创新。从这个百分比来看，很明显可以看出，成功最重要的一个条件是要营造良好的人际关系，而人际关系的营造，它的前提是要求我们必须具备良好的沟通能力。

一、沟通

沟通是人与人之间、人与群体之间思想与感情的传递和反馈的过程，以求想法达成一致和感情的通畅。

没有沟通就没有人际的互动关系，人与人之间的关系就会处在僵硬、隔阂、冷漠的状态，会出现误解、扭曲的局面，给工作和生活带来极大的害处。信息时代的到来，工作、生活节奏越来越快，人与人之间的思想需要加强交流；社会分工越来越细，信息层出不穷，现代行业之间迫切需要互通信息，这一切都离不开沟通。沟通，是建立人际关系的桥梁，如果这个世界缺少了沟通，那将是一个不可想象的世界。

对个人而言，良好的沟通能够使我们很坦诚地生活，很有人情味地分享，以人为本，在人际互动中充分享受自由、和谐、平等。不难想象，在一个家庭，一个单位，人与人之间，如果没有沟通，那是多么闭塞、无聊、枯燥、乏味。事情难以处理，工作难以展开。

沟通的品质决定了做事的品质。

对一个组织而言，良好的沟通能够使成员认清形势，使决策更加有理、有效，建立组织共同的愿景。主管能够通过沟通，引导属员更好地工作；属员能够通过沟通，更好地理解、执行领导的意图和决策；同事之间能够通过沟通，更加精诚团结密切合作。在一个组织里，所有的决策和共识，都是通过沟通来达成的。

沟通是管理工作的灵魂，是提高工作效率，实现共同目标，满足各种需要的重要工具。我们所做的每一件事情都是在沟通，比如上情下达或下情上传等。不论沟通是否有效，沟通构成了我们日常工作中的主要部分。管理工作中 70% 的错误是不善于沟通造成的。成功的公司管理人士通常会将 90% 以上的工作时间用于部属之间的良性沟通之中。透过清晰的指导与决策节省时间与精力，减少重复劳动，提高工作效率。提升他人和自己对工作的满意度，用非强制性策略影响或激励他人。美国通用电气公司就是靠着感情沟通式的管理，以惊人的速度发展起来的，这种沟通式管理给人以深刻的启迪。国内外事业有成的名企，无不视沟通为管理的真谛。

简单来说：沟通是人与人的接触，怎么接触？通过"思想与感情的传递和反馈"，为什么接触？求得"想法达成一致和感情的通畅"。

沟通的方式有语言、非语言式的。语言式沟通又可以分为口头和书面的；非语言式的沟通：声音、表情、眼神、手势、身体动作，等等。

【动感小课堂】

找 6 位同学上来，其中 1 位主持人，另外 5 位听从主持人的话做出相应的动作。

1. 5 位同学各发一张 A4 纸。

主持人说："来，每两人共分一张 A4 的白纸，每个人一半。"

稍停，看结果。

主持人提出质问："我说要撕开吗？"

2. 重新分发 A4 纸，主持人说："来，每两人共分一张 A4 的白纸，每个人一半。"

接下来主持人作个示范，并说："现在每个人半张，然后这样子撕。"

3. 主持人说："将半张纸分成一样的大小四条。"

稍停，看结果。主持人说："我要四条细的。"

4. 主持人说："将每一条放在另一条的中间。"

游戏结束，请展示手中的纸条形状。

二、沟通的特点

（一）沟通是有目的性的，它不是闲聊

就从字面上来看，沟通就是挖一条沟使水相通，目的非常明确，即要使水相通。现在的理解，"沟通"要有一个明确的目标，或者是双方为了某个目标寻求一致、达成协议，或者是双方通过交流信息、思想，使情感通畅。在职场中，我们更多的是为了实现目标、寻求一致而进行沟通，感情通畅也更多是为了寻求一致。所以，我们在任何一次沟通前，都要先想清楚自己的目的是什么，沟通过程中要紧扣主题。

（二）沟通是有方向性的

它既是人际的交流，也涉及组织之间的交流；有一对一的，还有多对多的；有上对下，也有下对上的。但是，不管多少、上下，沟通总有一个传达方，有一个接受方。我们要明白，当我们是传达方时，正确、清晰地表达非常重要。

（三）沟通过程不是单向的，是双方互动的过程

我们的表达得准确是一方面，对方理解并顺利接受我的意思更重要。所以，要使沟通确实有效，我们在沟通过程中要注重对方的感受、积极聆听对方的意见。

（四）沟通是一种能力，是可以训练的

只要我们从现在开始训练自己大胆面向很多人说话，训练自己如何讲话得体、表达恳切，训练自己的声音、表情、眼神，那我们在以后面对人时就会取得别人的好感，在沟通中就会事半功倍。

这个训练是要一定过程的，我们现在需要关注的是怎么训练才能提高？现在，我们就从与不同的职场对象开始给大家提供一些训练的要点。从今天起，我们听完课后，就在每一次与你的老师、家长、同学、朋友的沟通开始注意这些要点，久而久之，养成习惯，就训练出了你的沟通能力。

【动感小课堂】

假如你是跟杜拉拉一样的职场新人，遇到一位不给予指导、一味挑剔批评的直属上司，你有什么办法？

【案例分享】

拉拉刚升上主管，上级是名叫玫瑰，是人如玫瑰的女上司，女上司下面有 3 名主管，其中除了拉拉，还有王蔷。两人面对这样一位主管，所采取的态度和方法完全不同，我们看看有什么结果？

王蔷的做法：越级汇报；向周围同事抱怨、发泄；对自身不足没有清醒认识。

拉拉的做法：在没找到沟通办法前，上司决定是王道，将温顺进行到底；找办法，将工作模式改用领导惯用模式；研究领导把握的工作重点，领导牢牢掌握的请示并遵照执行。领导不关心的自己处理方式，领导看重的积极提供信息及建议。

假如你是上司，在王蔷和拉拉中，你喜欢哪个下属？答案显而易见。其实，拉拉的办法就一招：与领导保持一致（在不触犯底线的情况下）。

这是一种类型的领导。人有千样万种，我们可能遇到的领导也是千差万别。

三、面对不同的上司要怎么沟通

（一）过分自信的上司

这种上司表现为样样事情都要过问，没有让你表现的机会，有时你会感到很痛苦。与

这样的上司打交道，一方面你要抱着学习和接受培训的想法，多学一些他处理问题的思路和技巧；另一方面，要适时赞美，千万不要表现出对他不买账的情绪。

（二）脾气暴躁的上司

脾气是由人的性格决定的，一般很难改变。所以，你要特别认真分析，什么事情、什么场合、什么因素使得老板特别容易表现出暴躁情绪。如果可以掌握他的规律性，则可以万事大吉。你也可以利用一些"软着陆"的方法，如主动多与老板打招呼，自觉与他多沟通，以进一步理解他的意图，防止出错。

（三）气量过小的上司

这样的上司凡事喜欢斤斤计较，以自我为中心，样样事情希望你对他"坦白交待"。与这样的老板打交道，你千万不能疏忽小细节，给他留下一个不好的印象。哪些问题他会感兴趣，哪些信息对他来说是不可以漏掉的，哪种工作汇报方式他易于接受……你要从一开始就仔细观察他的关注重点，凡事想在他前面，讲在他问你以前。

（四）好好先生型的上司

有的老板脾气比较好，或者年纪大了，宁愿息事宁人、忍让、安于现状，甚至是迁就。对于这种类型的老板，下属就要给他多提建议，主动承担一些责任。

（五）控制型上司

这样的上司往往态度强硬，要求下属服从，为人处事实际、果决、求胜心强，不注重琐事。与他们相处，重在简明扼要，干脆利索，不拖泥带水，不拐弯抹角。面对这一类人时，无关紧要的话少说，直截了当，开门见山地谈即可。此外，他们很重视自己的权威性，不喜欢部下违抗自己的命令。所以应该更加尊重他们的权威，认真对待他们的命令，在称赞他们时，也应该称赞他们的成就，而不是他们的个性或人品。

（六）互动型上司

这样的上司善于交际，喜欢与他人互动交流；享受他人对他们的赞美；凡事喜欢参与。面对这一类型领导，切记要公开赞美，而且赞美的话语一定要出自真心诚意，言之有物，还喜欢与部下当面沟通，喜欢部下能与自己开诚布公地谈问题，即使有对他的意见，也希望能够摆在桌面上交谈，而厌恶在私下里发泄不满情绪的部下。

（七）放手型上司

这种上司对你的工作不会干涉很多，是对你信任的表现，你在处理工作时有疑虑或困难，要主动虚心地向他请教。

四、如何让上司认识你

一个公司有董事长、总经理、部门经理、主管……我们不可能面面俱到，让所有上司喜欢你，我们要找出对你最重要的那一个——你的直属上司，因为他能给你机会让你表现，对你工作的评价考核最具发言权。

我们也要主动积极地去与作关键决策的上司沟通，一般是与主要负责人沟通。虽然日常工作与他的接触不频繁、有距离，但如果让他认识了你，你的发展会通畅很多。

现在我们已经知道了谁对我们重要，那怎样赢得他们的好感呢？

五、如何赢得领导的好感

第一步：让领导认识你。

如果上司从你的对面过来，你会不会主动打招呼？觉得会的请举手。

不敢与上司沟通，这里通常有两个错误认识：一是上司是高高在上的，二是主动与上司沟通就是阿谀奉承。

记住，不管与谁沟通，微笑是最能打动人心的法宝，自信能让领导对你印象深刻。

杜拉拉给了我们一个好的榜样：加班被老板发现了。

第二步：让上司了解你。

学习提高，有问必答；

接受批评，错不过三；

主动互助，分担任务。

第三步：让上司认可你。

了解特点，取得一致；

适时适地，主动汇报。

第四步：让上司信任你。

成为得力助手；

成为不可或缺的人；

成为高附加值的人。

六、说服领导的技巧

对于领导的指示，要认真执行；但你有一个好建议时，怎样说服领导，让领导理解自己的主张、同意自己的看法呢？你有说服领导的自信和本事吗？我们来看看有没有什么技巧。

（一）选择恰当的提议时机

刚上班时，领导会因事情多而繁忙，到快下班时，领导又会疲倦心烦，显然，这都不是提议的好时机。总之，记住一点，当领导心情不太好时，无论多么好的建议，他都难以细心静听。

那么，什么时候会比较好呢？我们通常推荐在上午 10 点左右，此时领导可能刚刚处理完早上的业务，有一种如释重负的感觉，同时正在进行本日的工作安排，你适时的以委婉方式提出你的意见，会比较容易引起领导的思考和重视。还有一个较好的时间段是在午休结束后的半个小时里，此时领导经过短暂的休息，可能会有更好的体力和精力，比较容易听取别人的建议。总之，要选择领导时间充分、心情舒畅的时候提出改进方案。

（二）资讯及数据都极具说服力

对改进工作的建议，如果只凭嘴讲，是没有太大说服力的。但如果事先收集整理好有关数据和资料，做成书面材料，作为有力的佐证交给领导就会加强说服力。

【案例分享】

A 主管：关于在通州地区设立灌装分厂的方案，我们已经详细论证了它的可行性，大概 3~5 年就可以收回成本，然后就可以盈利了。请董事长一定要考虑我们的方案。

B 主管：关于在通州地区设立灌装分场的方案，我们已经会同财务、销售、后勤部门详细论证了它的可行性。根据财务评价报告显示，该方案在投资后的第 28 个月财务净现金流由负值转为正值，这预示着该项投资将从第三年开始盈利，经测算，该方案的投资回收期是 4~6 年。从社会经济评价报告上显示，该方案还可以拉动与我们相关的下游产业的发展。这有可能为我们将来的企业前向、后向一体化方案提供有益的借鉴。与该方案有关的可行性分析报告我已经带来了，请董事长审阅。

上述两位主管的报告，显然 B 主管更具说服力，所以，领导感到比较满意。

记住：只有摆出新方法的利与弊，用各种数据、事实逐项证明，才能让领导不认为你有头脑发热、主观臆断的嫌疑。

（三）设想领导质疑，事先准备答案

领导对你的方案提出疑问，如果你事先毫无准备，解释时吞吞吐吐，前言不搭后语，自相矛盾，当然不能说服领导。因此，应事先设想领导会提什么问题，自己该如何回答。

（四）说话简明扼要，重点突出

在与领导交谈时，一定要简单明了。对于领导最关心的问题要重点突出、言简意赅。如对于设立新厂的方案，领导最关心的还是投资的回报问题。他希望了解投资的数额、投资回报期、项目的盈利点、盈利的持续性等问题。因此你在说服领导时，就要重点突出，简明扼要地回答领导最关心的问题，而不要东拉西扯，分散领导的注意力。

（五）面带微笑，充满自信

我们已经知道，在与人交谈的时候，一个人的语言和肢体语言所传达的信息各占50%。一个人若是对自己的计划和建议充满信心，那么他无论面对的是谁，都会表情自然；反之，如果他对自己的提议缺乏必要的信心，也会在言谈举止上有所流露。试想一下，如果你的下属表情紧张、局促不安地对你说："经理，我们对这个项目有信心。"你会不会相信他？

你肯定会说，我从他的肢体语言上读到了"不自信"这三个字，我不太敢相信他的建议是可信任的。同样的道理，在你面对自己的领导时，要学会用你自信的微笑去感染领导，征服领导。

（六）尊敬领导，勿伤领导自尊

最后要注意一点，领导毕竟是领导，因此，无论你的可行性分析和项目计划有多么完美无缺，你也不能强迫领导接受。毕竟，领导统管全局，他需要考虑和协调的事情你并不完全明白，你应该在阐述完自己的意见之后礼貌的告辞，给领导一段思考和决策的时间。即使领导不愿采纳你的意见，你也应该感谢领导倾听你的意见和建议，同时让领导感觉到你工作的积极性和主动性即可。

七、怎样与异性上司进行沟通？

穿着得体、保持距离、学会拒绝、捍卫尊严。

当我们还是职场新人时，自我意识很重要。首先，我们在穿着打扮、言谈举止上要得体、恰当，不要发出容易引人误会的错误信号；其次，要明确底线，在职场中哪些是不可以做的事情，要明明白白；最后，当遇到自己的权益受侵害或被骚扰时，要勇敢、清晰地表示拒绝与抗议。

【动感小课堂】

如果你刚进入一个公司，你的直属上司是一位30多岁的女性，你会怎样争取在第一次正式见面时给她留下好印象呢？

第一印象：50%来自外表，40%来自声音，10%来自语言与内容。

外在：衣着有领有袖，发型不披头散发，给人以干净、整洁、利落的印象。

交谈：你们在面试中肯定是见过面的了，复杂的自我介绍就不需要了。简短说明后，以诚恳、谦虚的态度表示你的尊重。

与女上司沟通，你的衣着打扮很重要。第一次接触，记得"神奇7秒"吗？在你还不了解你的上司喜好的情况下，假如不想在你还没开口之前就给她一个不好的印象，那么请记住：衣着打扮严谨一点不会错，当然，从事与时尚相关的工作又不同，职场切忌张扬，你的个性、你的喜好，在这个时候都请暂时收好。一段时间后，你应该基本了解你上司的喜好了，这个时候怎么做？记得上一次课我们讲过的吗？与上司保持一致，指的是风格上的一致。这是第一点，衣着打扮。

给予足够的尊重。虽然可能在年龄、专业知识上你更有优势，但是，在成为你上司之前她所付出的努力、积累的经验都是值得你学习，所以即便她不那么亲切，有时可能还会有些过头、不友好，等等，你还是应该在任何时候都尊重她。

如果你的女上司在某些方面比较敏感，比如比较注重别人眼中的自己是什么样，会对一些细节的东西比较在意，对一些人或事记得比较清楚不容易放下等，那你应该避免挑战她的权威，特别是在公开场合，要注意不要在面子上让她过不去。

寻找共同话题。在一些私下的场合，我们可以聊一些轻松的、家常的话题，这样能更增进彼此之间的亲近感。但要注意不要在工作场合聊这些话题，避免留下不专业的印象。

【核心小结】

与上司沟通要做到"三不要"：一是不要比你的上司还聪明；二是不要低估上司的能力；三是不要自以为是，凡事多请示汇报。

风采女性·职场沟通二

【学习目标】

掌握职场沟通的原则与方法，充分发挥女性优势进行沟通。

【课程导入】

讨论：你认为在同事间合作重要还是竞争重要？

一、同事合作的重要性

斯蒂芬·科维，被美国《时代》周刊评为"25位最有影响力的美国人之一"，人类潜能导师，1989年，他的著作《高效人士的七个习惯》出版，在各界产生巨大影响。他说过，在"杰出青年的童年与教育"调查中，我们发现，杰出青年大多数是善于与他人团结协作的人，团结协作是许多成功人士的共同特征。对我们来说，现在社会分工越来越细，合作共赢也是我们自身发展的需要，理想的同事关系，是在合作与竞争中平衡发展。

【动感小课堂】

讨论：

当你遇到一位只把你当竞争对手，不愿意跟你交流合作的同事该怎么应对？

主动帮助；虚心请教。

当你遇到一位本身不怎么样，又爱打小报告的同事该怎么应对？

用实力说话；退一步海阔天空。

当你遇到一位爱散布谣言，诋毁他人的同事该怎么应对？

对他人的谣言远离为佳；对与自己有关的谣言直接对质。

二、如何和同事沟通合作

与同事沟通的原则：敬业敬人，以诚为本——真诚；尊重他人，求同存异——尊重；与人为善，相互扶持——结善；不卑不亢，以忍为安——容忍；恰当赞美，实现双赢——赞美。

丘吉尔说过：你想要人家有怎样的优点，那你就怎样去赞美他吧。现实职场生活中，同事之间有时每天在一起的时间比家人还要多，平时的接触中会遇到各种各样的情况，因为沟通是一种主动行为，遇到这些情况时，关键要看我们怎么去做？

三、如何给同事留下好印象

态度诚恳、神情优雅；穿着简单、大方、得体；妆容淡雅、干净、明朗，适合企业文化和场合。

熟悉各种礼仪，进退有节、守分守礼。

谈吐应对得体，灵活运用说话技巧、语调、表情。

保持身心的健康平衡及良好的生活习惯，生活单纯，守节安分。

自然流露信心与个性：多充实自己、了解自己，自然会有自信；不盲从就能流露个性。

【案例分享】

（一）

一次宴会，其中有位客人，她是刚获得一笔遗产的妇人。她似乎急于给人们留下一个愉快的印象，她花了很多钱买了貂皮外衣、钻石和珍珠，可是她太过开心了，脸上都是那种自我陶醉的表情，甚至有些急于炫耀。她能让人喜欢吗？

（二）

电影《玻璃樽》看过吗？成龙最终决斗时用的绝招是什么？微笑与微笑的力量。为什么空姐、售货员都强调职业微笑？人们脸上的微笑，就有这样的表示：我喜欢你，你使我快乐，我非常高兴见到你！如果你希望别人用一副高兴、欢愉的神情来接待你，那么你自己先要用这样的神情去对别人。

四、如何请同事帮忙？

请别人帮忙时，应先了解对方当时的状况，同时怀着不强求的心态，不给对方压力。

请帮忙的内容要说明清楚，理由也要附带说明，要诀是简单扼要。

态度要平和镇定、不卑不亢。

在对方帮忙后，除了口头道谢之外，可以再赠小礼物或请吃便餐以表谢意。

同事的请求是否一定要帮？如何拒绝同事请求？

办不好的事还是"不办"好。

不该办的事绝不能办。拒绝对方时，多少都会让人感到失望，但拒绝无法避免时，一定要怀着体谅的心，用最恰当的态度和言辞，将对方失望的感觉降到最低。要注意避免以下情况：不给对方机会说明请求的内容；自己不说明任何理由，就立刻回绝；没有听完对方的说明，就断然拒绝；面无表情、言语刚直、口气生硬；回答模棱两可，让对方空等。

五、如何向同事道谢？

道谢必须是真诚的，注意语言、态度、神情。道谢时，应注视着被谢者，真情流露。

六、与同事沟通的"五不要"

不要把工作矛盾看成个人之间的矛盾；

不要把个人之间的矛盾带到工作之中；

不要把与自己有矛盾的人看成坏人；

不要把自己不满意的事看成坏事；

不要利用别人的矛盾来发展自己。

【动感小课堂】

讨论：我们经过一段时间的努力和历练，终于，升职啦！这是好事，但接下来，你要面对你的下属，有没想过我们可能会遇到什么情况呢？

下属原是你的主管，现成为你的直属下级；下属快退休了，工作没干劲，得过且过；小年轻只顾谈恋爱，工作不投入、不积极，怎么办？

七、积极性来源于满足

要想调动下属的工作积极性，必须了解你的每一个下属有什么需求，他最重要的需求是什么？伊索寓言中有这样一则故事：太阳和北风打赌，看谁能先让行人把大衣脱去。于是，太阳用它温暖的光轻而易举地使人们脱下大衣；而北风使劲地吹，反而使行人的大衣裹得更紧。作为上司，我们要做温暖的太阳，用温暖去感化下属，使他们自觉地敞开心扉；如果像北风那样使劲地吹，一味地强制逼压，反而会使他们始终对你心存戒备。只有让下属敞开心扉，明白了他心里担心什么、想要什么，加以抚慰和满足，才能最大限度地调动你的员工积极性。

【案例分享】

全球最大的商品零售企业——沃尔玛的故事

美国《华尔街日报》曾报道，沃尔玛公司的创始者——沃尔顿先生，有一次在凌晨两点半结束工作后，途经公司的一个发货中心时和一些刚从装卸码头上回来的工人聊了一会，事后他为工人改善了沐浴设施。员工们都深为感动。

沃尔玛公司实施的是——门户开放让员工参与管理。沃尔玛公司的门户开放是指在任何时间、地点，任何员工都可以口头或书面形式与管理人员乃至总裁进行沟通，提出自己的建议和关心的事情，对于可行的建议，公司会积极采纳并实施。任何管理层人员如有借门户开放政策实施打击、报复行为，都将受到相应的纪律处分甚至解雇。

在沃尔玛公司的管理资料里有一个小故事：有 A、B 两个公司的老板，同样用 1 000 元奖励自己的员工，A 老板是把 1 000 元的奖励分成 100、200、300、400 元不等的金额按照每个季度去奖励他的员工，结果他公司的业绩是芝麻开花。而 B 老板呢，只是在年底一次性奖励了他的员工，并没有起到预期的效果，而且他的员工还埋怨："辛苦了一年，才发这么些钱。"同样金额的奖励，一个取得了颇佳的效果，另一个却效果平平。为何？因为他们奖励的时机不一样。而沃尔玛公司注意到了这一点。他们十分注重对员工的激励，注重激励的时机和方法。沃尔玛公司将"员工是合伙人"这一概念具体化为三个互相补充的计划：利润分享计划、员工购股计划和损耗奖励计划。从 1971 年，沃尔玛开始实施第一个计划到现在，沃尔玛已有 80% 以上的员工借助前两个计划拥有了沃尔玛公司的股票。另外，沃尔玛公司对有效控制损耗的分店实施的奖励措施，使得沃尔玛的效益—成本比例是全球零售业平均水平的两倍。

美国心理学家马斯洛在 1943 年发表的《人类动机的理论》一书中提出了需要层次论，他认为人的需要分为五个层次：生理需要，是个人生存的基本需要，如吃、喝、住处；安全需要，包括心理上与物质上的安全保障，如不受盗窃的威胁，预防危险事故，职业有保障，有社会保险和退休基金等；社交需要，人是社会的一员，需要友谊和群体的归属感，人际交往需要彼此同情、互助和赞许；尊重需要，包括要求受到别人的尊重和自己具有内在的自尊心；自我实现需要，指通过自己的努力，实现自己对生活的期望，从而对生活和工作真正感到很有意义。而职场主流精神需求为被尊重、被信任、安全感。

我们看看沃尔玛公司所做的——总裁深夜与员工交谈并随后解决了他们每天工作后的冲浴问题，关注员工并在他们不经意的时候解决他们的后顾之忧，满足了员工的生理需求、尊重需求、情感需求；门户开放管理，让每一个员工发挥所长，参与经营管理，使员工感受到信任与尊重，自我价值得到实现；员工激励制度，让员工有着获得丰厚的收益的希望和可能，既增加了安全感，又成为创新的动力，员工就会更加努力地、以最高的积极性完成他们自己分内的以至于分外的工作。

【案例分享】

场景：会议室

人物：拉拉、陈丰（区域销售经理）、李坤（新上任小区销售经理）、苏浅唱、姚杨等 8 位销售代表。

拉拉的做法：

开场白——申明会议目的（强调如实、善意表达观点）、时间、程序（需要解决的问题、讨论问题、总结问题）、流程（问题集中 3 条：费用、指标、事务参与度）。

澄清观点——纠正李坤的不当之处，但不允许下属对经理指手画脚。

展开讨论——3 个问题一条条发表意见，现场对不怀好意者点名消除误会，对年青的无经验的加以教育。

推动达成一致——综合意见，关键人物确认。

总结——记录、肯定与鼓励，轻松气氛。

八、部门人员之间的矛盾处理

推动一致。

明确程序：按我们的意图组织会议。

明确底线：立场态度坚决，维护公司制度与上司威严，有错必纠。

消除误会：摊开讲清楚，基于事实。

解决问题：达成一致，现场确认。

适当批评与肯定。

九、与下属沟通的原则

（1）明白下属的需求。

（2）当好下属的表率。服饰、举止、语言正是构成你形象魅力的"三位一体"，也是你打开人际关系所必需的三个"工具"。

（3）敢于替下属承担责任。做下属的最担心的就是做错事，因为随之而来的便是处理，追究责任。聪明的领导者和管理人员是敢于替下属承担责任的。

（4）正确对待下属的抱怨。听比说重要，聆听并回应。一是要学会什么都能听得进去，可谓"有容乃大"；二是要有耐心；三是要关心别人；四是听懂下属的弦外之音；五是要做出正面、清晰的回答。

【案例分享】

美国知名主持人林克莱特一天访问一名小朋友，问他说："你长大后想要当什么呀？"小朋友天真的回答："嗯，我要当飞机的驾驶员！"林克莱特接着问："如果有一天，你的飞机飞到太平洋上空所有引擎都熄火了，你会怎么办？"小朋友想了想："我会先告诉坐在飞机上的人绑好安全带，然后我挂上我的降落伞跳出去。"当在现场的观众笑的东倒西歪时，林克莱特继续着注视这孩子，想看他是不是自作聪明的家伙。没想到，接着孩子的两行热泪夺眶而出，这才使的林克莱特发觉这孩子的悲悯之情远非笔墨所能形容。于是林克莱特问他说："为什么要这么做？"小孩的答案透露出一个孩子真挚的想法："我要去拿燃料，我还要回来。"

你听到别人说话时，你真的听懂他说的意思吗？你懂吗？如果不懂，就请听别人说完吧，这就是"听的艺术"：①听话不要听一半；②不要把自己的意思，投射到别人所说的话上。

（5）对下属多赞扬多鼓励。

（6）批评和训诫下属必须注意方式。少用"你"多用"我们"；基于事实说话，不贴标签；"SWOT分析法则"——优势、劣势分析，面临的机会与威胁分析。

十、充分利用女性优势为沟通加分

有一本书——《女人的潜能：与生俱来的10大优势》，里面就指出了女性具有表达等10项潜能，说明了女性与生俱来具有沟通优势。所以，本次课的最后一部分内容，想跟大家交流一下怎样发挥女性优势，提升沟通能力。

（一）充分利用非语言方式为沟通加分

表达的构成：语言文字占7%，语调语气占38%，非语言及肢体语言占55%。女性具有天生的优势，我们天生比男性爱说话，语气语调比男性丰富得多，肢体语言更是不用说，所以我们要充分发挥这些优势，为沟通加分。

体态要稳重、大方；善于利用而不是滥用空间位置关系；手势动作切勿太大，稳重冷静；眼神要温柔平和，坦然自信，表情保持微笑；服饰适合所在场合，不要装扮过度；语气、语调要恰当、充分。比如，你的身体摆出来的姿势等于告诉别人，你希望和别人有什么样的交往关系、对方所说的事你有没有兴趣。双手交叉或双腿交叠得太紧，都是封闭式的姿势，显示你紧张的心绪或没有兴趣和别人交往；双手不交叉，双腿交叠而方向指向对方或微微张开，都是开放式的姿态，这些姿势被理解成你精神放松，而且愿意和别人保持交往；面向别人并向前倾斜是非常重要的姿势，显示敬意和投入。

（二）充分利用感知能力，注意对方并调整沟通方式

我们说过有效沟通很重要的一点就是要注意对方，而女性捕捉沟通对象的非语言信息的能力也是相当强的。比如，扣桌子表示不耐烦，想要答案，抖腿表示讲到重点，摸扶手表示我真站起来，我不想谈下去了，摸鼻子表示你在假话，你对你的答案儿，摸茶杯表示不耐烦，手不要交叉表示有防备动作，手插在口袋里表示心里藏着很多事情，也说明人的萎靡，不振作，扬眉表示不太相信对方讲话，耸肩表示我没有办法，用脚打节拍表示恨不得马上就去，等等。

而且我们还可以从细节去分辨人的性格，比如，在工作中有事直接就说、特别爱听好话、不接受别人意见、对细节非常注重，等等，这些都是在向我们传递信息，告诉我们你的上司、同事是什么样的人。我们要对他们平时的言谈举止各种细节留心观察，了解对方的人品性格，再调整你的沟通方式，以期达到更好的沟通效果。

（三）注意避免女性沟通障碍

这里主要说的是职场沟通，不是我们平常的聊天，女性的语言天赋在职场中有时反而会成为障碍。女性天生具有将一件简单的事情讲成如泣如诉的故事的本领，但职场中需要的是简洁明了；女性的沟通通常是一种柔性、感性的，但职场中需要的是果断决定；女性

往往以关系为导向进行沟通，但职场需要的是客观公正的立场。所以，我们也要明白女性的沟通障碍，积极地去避免这些因素影响我们的沟通效果。

【核心小结】

有效沟通的三大原则：①明确目标；②清晰表达；③注重对方。

如何赢得上司的好感？一个基本方法和四个步骤。一个基本方法是：跟上司保持一致。四个步骤是：让上司认识你，让上司了解你，让上司认可你，让上司信任你。

"怎样与男上司进行沟通？"首先，我们在穿着打扮、言谈举止上要得体、恰当，不要发出容易引人误会的错误信号；其次，要明确底线，在职场中哪些是不可以做的事情要明明白白，最后，当真正遇到权益受损或被骚扰时，要勇敢、清晰地表示拒绝与抗议。

与同事沟通的原则有：真诚、尊重、结善、容忍、赞美。

与下属沟通的原则有：了解需求、做好表率、敢于承担、善于倾听、多用赞扬、基于事实。

风采女性·工作与生活平衡

【学习目标】

学会在家庭和事业中理性抉择。

【课程导入】

英国一份调查报告显示，半数英国人因为无法在工作和生活之间保持平衡，没有足够时间用于个人和家庭生活，而感到不幸福。

中国青年报调查发现，目前职场女性的压力来源 71.1% 的人选择"家庭和工作难以兼顾"。

思考讨论：女性主要扮演怎样的角色？

一、女性的社会关系角色[①]

社会关系角色是个人在社会关系位置上的行为模式，它规定一个人活动的特定范围和与其地位相适应的权利义务与行为规范，是社会对一个处于特定地位的人的行为期待。

（一）女性社会关系角色是时代发展的产物

恩格斯认为："妇女的解放，只有在妇女可以大量地、社会规模地参加生产，而家务劳动只占他们极少的功夫的时候，才有可能。"换言之，只有在女性参与社会劳动中去时，才有可能真正获得经济上的独立，从而获得最终解放。而女性意识作为妇女解放过程中的深层心理因素，其很大程度上也是在劳动中发展成熟的。

21 世纪以来，国家鼓励并帮助女性就业，更多女性参与到社会劳动中来，再加上经济的发展给女性意识的发展打下坚实的基础，因此女性意识从 21 世纪以来得到迅速的发展。女性意识的发展让女性开始以自身为主体，把男性作为客体，女性开始重新认识自身的特点。这时，女性不仅是对自身有了重新的认识，对社会的期待也有了自己的理解，这样就导致女性对社会角色的领悟和实践具有明显的主观性。再加上人们个人意识的增强，不管男性或者女性，他们所承担的社会角色都越来越多样化。同样，男性对女性所承担的社会角色也有不同的认识和期待，因此，无论是女性自身对社会角色的领悟和实践，还是社会对女性的期待，都朝着多元化的方向发展，因此时代在发展，女性社会关系角色也在发展。

---

① 华昊. 社会转型时期电视剧中的女性意识嬗变［M］. 北京：中国书籍出版社，2014.

（二）女性社会关系角色是个人经济的需求

经济因素是社会存在发展的基础，社会存在决定社会意识，而女性社会关系角色作为社会意识的一种，也受到经济影响。20世纪90年代末，随着社会的稳定和改革开放的深入，经济得到发展，再加上男女平等基本国策的实行，女性社会地位提高，此时期的女性意识开始觉醒并慢慢渗透到社会生活中，影响女性的思想。

（三）女性社会关系角色是个人价值的体现

女性社会关系角色作为女性的行为模式，与女性意识有很大联系。女性意识是指女性作为主体对自己在客观世界的地位、作用和价值的自觉意识，即女性既能够自觉地意识到履行自己的历史使命、社会责任、人生义务，又清醒地知道自身的特点，并以自己独特的方式参与对自然与社会的改造，肯定和实现自己的需要和个人价值。

【案例分享】

职场女性是否要选择结婚

结婚这件事，拉拉和王伟三言两语就商量定了，迅速得有点儿不像话。拉拉一年后醒过神来，抱怨过两次，倒不是怪王伟当时没有下跪的动作，而是他居然没有流露出一点儿恳求的意思，拉拉觉得自己亏了。

拉拉连件新衣服都没买，只是在头发上下了点儿工夫，两人到照相馆照了一张合影，准备用在结婚证上的那种。这就是他们为结婚登记所做的所有的准备。

职场女性是否生育

研究生毕业后晓蓉就在一家外资银行工作，凭借她的亲和力和实力，得到了同事认可、上司的赏识。很快五年过去了，晓蓉的职务并没有提升，再看看四周，一起毕业的同学大多数已为人父母，于是那一年她结婚了，为了不当高龄产妇，她打算生孩子。

就在这时，公司准备提升晓蓉，还打算将她外派到美国接受为期半年的培训。此时的晓蓉也犹豫过，好不容易盼到升职，这时向公司摊牌准备生孩子，肯定会丢了职位。不过最后她还是决定：拱手让出机会，毅然选择生育。结果可想而知，晓蓉的职位仍在原地踏步。不久晓蓉生下了一个女儿，看着可爱的宝宝，她从心底里感到幸福：职务是别人给的，女儿才是自己的。

职场女性生还是升

昱婷，30岁，某跨国公司运营部总监。

昱婷是一家跨国公司的运营部总监，在公司里她如鱼得水，职位两年一升，30岁时，已经是总经理助理了，大伙一致认为几年后她升到副总经理没有问题。

结婚四年，昱婷的家人希望她能生一个孩子。可她心里明白：暂时的离开，就意味着以后要从头再来，因为她这个岗位不能缺人，如果被别人顶上，等她生完孩子来上班可能岗位就不需要她了，自己可能要转到别的岗位，甚至寻找其他公司。

她很赞同这样的观点：如今的职场如战场，少一份参与，就少一份上升的机会。难道公司会因为你生了一个可爱的宝宝，而给你加薪升职吗？公司会把你眼下还不错的职位保留到你休完产假回来吗？

职场女性家庭重要还是事业重要

斌斌妈，32 岁，某设计公司老板。

生完孩子不久，斌斌妈就决定投入到事业之中，原先自己那个好的工作岗位被人占了，凭着一股不服输的倔强，她毅然辞职创业，开起了一家设计公司。

刚刚起步的新公司是最叫人费心的，于是斌斌妈把孩子送进托儿所，便一头扎进了事业当中，跑客户，想创意，监督工期和质量……一家小公司很快就在市场上站稳了脚跟。

至于孩子，斌斌妈认为："孩子不是你的全部，也不可能是全部，等他长大了，他有自己的生活，有自己的目标，有自己的价值观，妈妈和孩子是独立的个体，如果说为了孩子，而牺牲自我，我觉得是对自己不负责任，也不见得是对孩子的爱。因为孩子需要的是快点独立起来，才能真正有属于自己的空间，而不是一直在妈妈的呵护下，这样对他才是不负责的。"

职场女性家庭重要还是事业重要

文莉，35 岁，某市公务员。

文莉认为，经营好自己的家庭对女人来说是一件了不起的事情，经营得好，同样有着不小的成就感。她从来都是把家庭看得比事业更重要。尤其当儿子渐渐长大成为一年级小学生后，她更是把主要精力放在照顾儿子的学习和生活上，单位离家近，一有空她就会偷偷溜回家，帮儿子安排一下功课等。

文莉认为，现在社会竞争激烈，儿子不能输在起跑线上，将来一定要有出息，才能过上幸福生活。作为女人，她不会把家庭的烦恼交给丈夫，她能照顾好孩子，照顾好家庭，男主外女主内，分工明确才能各司其职。至于自己的工作，得过且过吧，只要不出错就行。

【知识广角镜】

1. 把生活和工作放在一起去计划：30 岁以前，我要完成的大事。

2. 做时间的主人：高效率办事，做有价值的事。

3. 当情绪来临时，怎么办？

（1）在工作时，打开专业的"抽屉"。

（2）回到家，打开爱的"抽屉"。家是讲爱的地方，而不是讲道理的地方。

【动感小课堂】

白宫宴会 VS 女儿新学年第一天

某日雅芳全球 CEO 钟彬娴女士收到布什的邀请，参加在白宫举行的盛大宴会。参加者多为美国企业界的名流，能受到总统的邀请参加宴会在很多人看来是一种荣耀，是众人梦寐以求的。巧的是这天也是钟女士小女儿新学年的第一天，这对女儿来说很重要，希望有妈妈的陪伴。

遇到这样一个两难的选择，你会怎么办？

【核心小结】

经营好工作是立业之本。

经营好家庭是立世之本。

经营好自己是立身之本。

模块四　才情女性

才情女性·品味

茶文化

【学习目标】

◎了解茶的历史、沏茶器具的选择与泡茶流程。

◎掌握茶叶的种类区分和种类特点，根据茶叶特点配备正确的器具，按照正确流程沏泡茶叶。

◎掌握茶礼的练习，在茶事活动中体会中国茶道精神的真谛从而达到自我修炼。

【课程导入】

"茶之为饮，发乎神农氏。"——唐·陆羽《茶经》

有人认为茶是神农在野外以釜锅煮水时，刚好有几片叶子飘进锅中，使煮好的水色微黄，喝入口中甘甜止渴、提神醒脑，以神农过去尝百草的经验，判断它是一种药而发现的。这是有关中国饮茶起源最普遍的说法。

一、茶之初

（一）茶的发现和神农氏的传说

1. "茶圣"陆羽所著的《茶经》

《茶经》概括了茶的自然和人文双重内容，探讨了饮茶艺术，把儒、道、佛三教的文化融入饮茶中，首创中国茶道精神。《茶经》是个里程碑。千百年来，历代茶人对茶文化的各个方面进行了无数次的尝试和探索，直至《茶经》诞生后茶方大行其道，因此具有划时代的意义。

2. 茶诗赏析

七碗茶诗

卢仝

一碗喉吻润，二碗破孤闷。

三碗搜枯肠，唯有文字五千卷。

四碗发轻汗，生平不平事，尽向毛孔散。

五碗肌骨清；六碗通仙灵。

七碗吃不得也；唯觉两腋习习清风生。

回文诗二首

苏东坡

之一

酡颜玉碗捧纤纤，乱点余花唾碧衫。

歌咽水云凝静院，梦惊松雪落空岩。

之二

空花落尽洒倾缸，日上山融雪涨红。

红焙浅瓯新火活，龙团小碾斗晴窗。

苏轼是一位卓越的艺术天才，他在诗、词、文、书法、绘画等方面均有所建树，为北宋时期多才多艺的文化巨人。他一生嗜茶，并精于茶艺，留下了 70 多篇咏茶的诗赋文章，内容涉及评茶、种茶、名泉、茶具、尝茶、煎茶、茶市兒茶功等各方面，形式有古诗、律诗、绝句、茶词、杂文、赋、散文以及回文诗。

苏轼的茶回文诗有《记梦二首》。诗前有短序：十二月二十五日，大雪始晴，梦人以雪水烹小茶团，使美人歌以饮。余梦中写作回文诗，觉而记其一句云："乱点余花吐碧衫。"意用飞燕吐花事也。乃续之为二绝句。

序中清楚地记载了一个大雪始晴后的一个梦境。在梦中人们以洁白的雪水烹煮小团茶，并有美丽的女子唱着动人的歌，苏轼沉浸在美妙的情境中细细地品茶。梦中写下了回文诗。

(二) 茶文化的发展

1. 饮茶方式

在中国茶史上，每个阶段，都有每个阶段的饮茶方式。

唐代"煮茶"，即把水烧开→调味盐→撒茶粉入锅→煮沸→舀入茶碗→连汤带茶粉→吃茶。

宋朝"点茶"，即将茶碾碎成粉→入茶碗→加沸水→茶筅用力击打→茶水交融→茶泡沫（茶糊糊）→饮用。

明朝的"泡茶"，即整叶茶冲泡，不再碾末。"粉改叶""饮茶留渣"，可观可赏。

2. 茶事活动

茶事活动源于唐兴于宋发展于明清。唐朝后，茶文化得到进一步的发展。记载茶叶的相关书籍也越来越多了，如《补茶经》《茶录》《煮泉小品》《茶史》等。制茶技术及工艺也越来越精湛，茶叶交易也空前繁荣，在民间，各个地方都涌现出茶楼，在人们无事之时，喝喝茶，聊聊天。喝茶已经成为一种生活习惯，是老百姓生活中所必需的七样东西即"柴米油盐酱醋茶"之一。

【动感小课堂】

认识干茶

干茶包括西湖龙井、洞庭碧螺春、黄山毛峰、庐山云雾茶、六安瓜片、君山银针、信阳毛尖、武夷岩茶、安溪铁观音、祁门红茶。

二、茶之赏

（一）西湖龙井

产地：杭州。

品质特征：采摘 1 芽 1 叶和 1 芽 2 叶，以初展的芽叶为原料，形状扁平光滑，挺秀尖削，匀整、匀净，色泽为嫩绿呈定光色。鲜嫩芳香持久，汤色嫩绿明亮，滋味甘醇鲜爽，叶底为幼嫩成朵。茶有"四绝"：色绿、香郁、味甘、形美。口感甘甜，香气纯厚，色泽翠绿。

历史文化：乾隆皇帝与 18 棵御茶树的传说（胡公庙前）。

（二）太平猴魁

产地：太平猴魁产于安徽省黄山市北麓的黄山区。

品质特征：其成品茶挺直，两端略尖，扁平匀整，肥厚壮实，全身白毫，茂盛而不显，含而不露，色泽苍绿，叶主脉呈猪肝色，宛如橄榄；入杯冲泡，芽叶徐徐展开，舒放成朵，两叶抱一芽，或悬或沉；茶汤清绿，香气高爽，蕴有诱人的兰香，味醇爽。

历史文化：1915 年获得巴拿马国际金奖；1972 年作为国礼由周恩来总理送予尼克松总统。

（三）大红袍

产地：夷山九龙窠高岩峭壁上。

品质特征：外形条索紧结，色泽绿褐鲜润，冲泡后汤色橙黄明亮，叶片红绿相间，典型的叶片有绿叶红镶边之美感。大红袍品质最突出之处是香气馥郁有兰花香，香高而持久，"岩韵"明显。大红袍很耐冲泡，冲泡七八次仍有香味。

历史文化：大红袍名字的由来——状元赠名说；大红袍三棵母茶树的珍贵记录；1972 年作为国礼由毛主席送给尼克松总统。

（四）铁观音

产地：福建安溪。

品质特征：铁观音是乌龙茶的极品，其品质特征是：茶条卷曲，肥壮圆结，沉重匀整，色泽砂绿，整体形状似蜻蜓头、螺旋体、青蛙腿。冲泡后汤色金黄浓艳似琥珀，有天然馥郁的兰花香，滋味醇厚甘鲜，回甘悠久，俗称有"观音韵"。铁观音茶香高而持久，可谓"七泡有余香"。

历史文化：铁观音名字的由来——观音赐名说；陈年铁观音的药理价值。

（五）普洱茶

产地：云南。

品质特征：分为直接再加工为成品的生普和经过人工速成发酵后再加工而成的熟普，型制上又分散茶和紧压茶两类；成品后都还持续进行着自然陈化过程，具有越陈越香的独特品质。普洱茶是用优良品种云南大叶种的鲜叶制成，也叫作普洱散茶。其外形条索粗壮肥大，色泽乌润或褐红，俗称猪肝色。滋味醇厚回甘，具有独特的陈香味儿，有"美容茶"之声誉。

历史文化：黑茶的由来（茶马古道）；宫廷普洱茶的由来和制作方法。

（六）祁门红茶

产地：安徽省西南部黄山支脉区的祁门县一带。

品质特征：祁红外形条索紧细匀整，锋苗秀丽，色泽乌润（俗称"宝光"）；内质清芳并带有蜜糖香味，上品茶更蕴含着兰花香（号称"祁门香"），馥郁持久；汤色红艳明亮，滋味甘鲜醇厚，叶底红亮。

历史文化：祁门特绝群芳最，清誉高香不二门；红茶传入英国的历史。

【动感小课堂】

学生现场鉴赏茶具如紫砂器具、开壶、瓷器组合、玻璃器皿，教师辅助讲解。

三、茶之具——"器为茶之父"

（一）茶具之首——紫砂器具

（1）特点：透气性好；紫砂壶能吸收茶汁；冷热急变性能好；越养越有灵性。

（2）紫砂壶的由来：制壶第一人——供春。

（3）紫砂壶的使用和鉴别：现场演示讲解。

（4）养壶：泡一类茶、不用化学物品洗、切忌油渍、使用一段时间要停用歇息。

（二）瓷器组合

（1）特点：方便，保温性能好，易于操作。

（2）主要茶具代表：盖碗、品茗杯等。

（三）玻璃器皿

（1）特点：散热性能好、便于欣赏茶底状态。

（2）主要沏泡的茶品：绿茶、花茶等。

四、茶之水——"水为茶之母"

"茶性必发于水性，八分之茶遇十分之水，茶亦十分，十分之茶遇八分之水，茶亦八分。"茶水要求活、甘、轻、清。陆羽在《茶经》中关于水的记载为山水上、江水下、井水下。

根据茶水相宜的原则，当地茶配当地的水。

现代茶水分类及泡茶品质特征

（1）天水：雪水、雨水、露水（天然软水——难得）。

（2）地水：江水、湖水、井水、泉水。

（3）再加工水：自来水、矿泉水、纯净水。

【动感小课堂】

现场演练茶礼（教师示范，学生模拟）。

茶礼演示：站姿、行姿、坐姿、行礼、示意礼。

五、茶之礼

（一）中国茶道精神

1. 佛、道、儒对中国茶道精神的影响

佛教：修身养性，感悟禅机。

儒教：以"和"为贵。

道教：天人合一思想。

2. 中国茶道精神的原则

和、敬、怡、真。

（二）茶事活动原则

（1）遵守与自律的原则。

（2）敬人与宽容的原则。

（3）平等与从俗的原则。

（4）真诚与适度的原则。

【动感小课堂】

现场演练泡茶（教师示范，学生模拟）。

六、茶之泡

泡茶原则：老茶高温泡、嫩茶低温泡、老茶壶泡、嫩茶杯泡。

泡茶三要素：

（1）茶水比例：绿茶、红茶的茶水比例为 1：50；乌龙茶的茶水比例为 1：22；黑茶的茶水比例为 1：20。

（2）泡茶水温：绿茶——70 至 80 度；红茶——95 度；乌龙和黑茶——100 度。

（3）沥泡时间：绿茶——20 至 30 秒，红茶——30 秒左右；乌龙茶、黑茶——一泡 45 秒，每多一泡加 15 秒。

七、茶之品

【动感小课堂】

品茶——学生按照教师的指导方法沥泡后分杯品评并讲解品茶感受。

【核心小结】

1. 茶之初、茶之赏、茶之具、茶之水、茶之礼、茶之泡、茶之品。

2. 一杯茶，品人生沉浮；平常心，造万年世界。

才情女性·品味

酒文化

【学习目标】

◎了解中国白酒文化、葡萄酒文化。

◎掌握中国白酒、葡萄酒的品鉴方法。

◎了解女性与葡萄酒文化。

【课程导入】

李白斗酒诗百篇，长安市上酒家眠，天子呼来不上船，自称臣是酒中仙。

——杜甫《饮中八仙歌》

俯仰各有志，得酒诗自成。

——苏轼《和陶渊明〈饮酒〉》

人生得意须尽欢，莫使金樽空对月。

——李白《将进酒》

一杯未尽诗已成，涌诗向天天亦惊。

——杨万里《重九后二月登万花川谷月下传觞》

中国文人的杰出代表，都终生好酒。李白自称"酒仙"，杜甫因有一句"性豪业嗜酒"，被郭沫若先生谥之为"酒豪"。郭老还煞费苦心地统计出，在他们现存的诗作中，言及酒的，李白占其作品的17%，杜甫占其作品的21%。这就使我们想到，假设没有酒，李杜的诗歌一定会少了许多韵味。酒渗透于整个中华五千年的文明史中，从文学艺术创作、文化娱乐到饮食烹饪、养生保健等各方面，酒在中国人生活中都占有重要的位置。

【动感小课堂】

品鉴白酒（现场摆放装有白酒的酒杯）。

一、中国白酒

（一）色泽透明度鉴别

白酒的正常色泽应是无色透明的，无悬浮物和沉淀物。

将白酒注入杯中，杯壁上不得出现环状不溶物。将酒瓶倒置，在光线中观察酒体，不得有悬浮物、不浑浊和没有沉淀。

（二）酒度鉴别

1. 高度白酒

传统生产方法所形成的白酒，酒度在44度以上，多在55度以上，一般不超过65度。

2. 低度白酒

采用降度工艺，酒度一般在38度，也有的20多度。

（三）香气鉴别

在对白酒的香气进行感官鉴别时，最好使用大肚小口的玻璃杯，将白酒注入杯中稍加摇晃，即刻用鼻子在杯口附近仔细嗅闻其香气；或倒几滴酒在手掌上，稍搓几下，再嗅手掌，即可鉴别香气的浓淡程度与香型是否正常。

白酒的香气可分为：

溢香——酒的芳香或芳香成分溢散在杯口附近的空气中，用嗅觉即可直接辨别香气的浓度及特点。

喷香——酒液饮入口中，香气充满口腔。

留香——酒已咽下，而口中仍持续留有酒香气。

一般的白酒都应具有一定的溢香，而很少有喷香或留香。名酒中的五粮液就是以喷香著称的，茅台酒则是以留香而闻名。白酒不应该有异味，如焦煳味、腐臭味、泥土味、糖味、酒糟味等不良气味均不应存在。

【动感小课堂】

品鉴葡萄酒（现场摆放装有红酒的酒杯）。

二、品鉴葡萄酒

（一）时间

理想的品酒时间是在饭前，品酒之前最好不要先喝烈酒和咖啡、吃巧克力、抽烟或嚼槟榔。专业性的品酒活动，大多选在早上10点至12点举办，据说这个时段，人的味觉最灵敏。

（二）酒杯

葡萄酒杯的杯口应该收小，以便酒香能在杯中聚集。杯肚应该大一点，可以让酒在杯中作充分的晃动。杯子必须有一个杯脚，这样手的温度不会加热杯中的酒。酒杯应该清晰透明，可以很好地观察酒的颜色

（三）醒酒

葡萄酒的香气通常需要一些时间才能明显地发散出来。醒酒的目的是散除异味及杂味，并与空气的氧发生氧化；开酒后应该倒一些在杯子里，然后轻摇，这样对酒味的散发

有很大的帮助，在旋转晃动的时候，酒与空气接触的面积也就加大了，加速氧化作用，让酒的香味更多地释放出来。

（四）闻酒

第一次先闻静止状态的酒，然后晃动酒杯，促使酒与空气接触，以便酒的香气释放出来。再将杯子靠近鼻子前，吸气，闻一闻酒香，与第一次闻的感觉做比较，第一次的酒香比较直接和轻淡，第二次闻的香味比较丰富、浓烈和复杂。闻酒时，应将鼻子探入杯中，短促地轻闻几下，不是长长的深吸，闻闻酒是否芳香，是否有清纯的果香或其气味是否粗劣、闭塞、清淡、新鲜，是酸的、甜的、浓郁的、腻的、刺激的、强烈的还是带有羞涩感。

（五）尝酒

让酒在口中打转，或用舌头上、下、前、后、左右快速搅动，这样舌头才能充分品尝三种主要的味道：舌尖的甜味、两侧的酸味、舌根的苦味。整个口腔上颚、下颚充分与酒液接触，去感觉酒的酸、甜、苦涩、浓淡、厚薄、均衡协调与否，然后才吞下体会余韵回味；或头往下倾一些，嘴张开成小"O"状，此时口中的酒好像要流出来，然后用嘴吸气，像是要把酒吸回去一样，让酒香扩散到整个口腔中，然后将酒缓缓咽下或吐出。

（五）佐餐

在喜庆家宴上吃鸡、牛肉等红肉时，一般都要搭配饮用干红葡萄酒。

干白酒具有新鲜幽雅的果香及酒香，细腻、醇正、爽净，在吃各种海鲜、鲜贝、大虾、螃蟹及各种名贵鱼时，更能突出各种菜肴的风味。

冰酒，晶莹透彻，果香幽雅芬芳，口味香醇甜美，甜而不腻，酸而不涩，与海鲜、鲜贝、大虾、螃蟹等搭配时，口味极佳。

【动感小课堂】

现场示范酒礼仪。

三、葡萄酒的礼仪

（一）上酒

宴请客人时，可以先上白葡萄酒，后上红葡萄酒；先上新酒，后上陈酒；先上淡酒，后上醇酒；先上干酒，后上甜酒；酒龄较短的葡萄酒先于酒龄长的葡萄酒。

（二）斟酒

宴会开始前，主人先给客人斟酒，以示礼貌。斟酒时不宜太满，以酒杯的3/5为宜，给客人斟完酒后，主人才能自己倒。

【延伸阅读】

葡萄酒的起源

没有人知道是谁"发明"了葡萄酒。它可能是一个偶然的发现。在收获后，有些葡萄被留在了容器里经过了冬天，天然的酵母和葡萄中的糖把葡萄汁变成了葡萄酒。

尽管考古学家追溯葡萄酒起源到几千年前，但最早的葡萄酒证据是在大概公元前一万年，在一个伊朗的粘土罐里发现的。

四、女人与红酒

女人喝红酒的好处：

（1）美容养颜。研究发现红酒中的某些成分具有帮助女性清除体内自由基、促进新陈代谢的作用，因而每晚临睡前小饮一杯红酒具有焕发女性皮肤生命活力，使女性的皮肤更娇嫩的作用。

（2）促进身心健康。熬夜加班之后，饮一杯红酒有利于人体保持欢快、舒适的状态，更有利于身心健康，特别是对经常性失眠的女性而言就具有很好的提高睡眠质量的作用。

（3）预防癌症。研究发现红酒中，特别是葡萄酒中含有一种叫白藜芦醇的抗癌性物质。这一种物质有具有抑制癌细胞活动的能力，因而研究认为常喝红酒也有利于预防癌症的作用。

（4）瘦身作用。寒冷的冬季，临睡前，如果能喝上一杯温热的红酒，显然更有利于提高人体的新陈代谢，有利于达到瘦身的效果。

但是喝多红酒也有坏处，比如会使人记忆力减退、高血压等。葡萄酒虽好，但任何好东西也会过犹不及啊。

【核心小结】

酒的分类、酒的鉴赏、品酒 、酒水礼仪。

才情女性·欣赏

【学习目标】

◎了解中国古典诗歌分类。

◎掌握女性古典诗词作品中的柔和刚；女性诗歌的含义。

◎了解诗歌中体现出的积极人生观、价值观和处世态度及方式。

【课程导入】

关关雎鸠，在河之洲。

窈窕淑女，君子好逑。

参差荇菜，左右流之，

窈窕淑女，寤寐求之。

求之不得，寤寐思服。

优哉游哉，辗转反侧。

参差荇菜，左右采之。

窈窕淑女，琴瑟友之。

参差荇菜，左右芼之。

"关关雎鸠，在河之洲"出自《国风·周南·关雎》，是中国古代第一部诗歌总集《诗经》中的第一首诗。这是一首描写男女恋歌的情歌，写一个"君子"对"淑女"的疯狂地相思与追求，"君子"的相思只是独自"辗转反侧"，"淑女"也是含蓄自然，爱得很守规矩，这里"君子"与"淑女"的结合，代表了一种婚姻理想。本次课内容我们从古代诗歌的角度来探讨女性的话题。

一、中国古典诗歌的分类

中国古代诗歌按音律形式可分为：诗、词、曲。诗又可分为古体诗和近代诗。曲可分为散曲和剧曲。

（一）古体诗

古体诗也称古诗、古风，指唐以前的诗歌，包括"诗经""楚辞""乐府"等。"歌""行""引""曲""吟"等体裁的诗歌也属古体诗。古体诗格律自由，不拘对仗、平仄，押韵较宽，篇幅长短不限，有四言、五言、六言、七言体和杂言体。

【知识广角镜】

古体诗的发展轨迹：《诗经》→楚辞→汉赋→汉乐府→魏晋南北朝民歌→建安诗歌→五言诗→唐代的古风、新乐府。

（二）格律诗

唐代出现的格律诗，分为律诗和绝句，如贺知章的《回乡偶书》："少小离家老大回，乡音无改鬓毛衰。儿童相见不相识，笑问客从何处来？"如王之涣的《登鹳雀楼》："白日依山尽，黄河入海流。欲穷千里目，更上一层楼。"杜甫的《绝句》："两个黄鹂鸣翠柳，一行白鹭上青天。窗含西岭千秋雪，门泊东吴万里船。"

（三）词

词又称诗余、长短句、曲子、曲子词、乐府等，其特点：调有定格，句有定数，字有定声。字数不同词可分为长调（91字以上）、中调（59～90字）、小令（58字以内）。词有单调和双调之分，双调就是分两大段，两段的平仄、字数是相等或大致相等的，单调只有一段。词的一段叫一阕或一片，第一段叫前阕、上阕、上片，第二段叫后阕、下阕、下片。

（四）曲

曲又称词余、乐府。元曲包括散曲和杂剧。散曲兴起于金，兴盛于元，体式与词相近，特点是可以在字数定格外加衬字，较多使用口语。散曲包括有小令、套数（套曲）两种。套数是连贯成套的曲子，至少是两曲，多则几十曲。每一套数都以第一首曲的曲牌作为全套的曲牌名，全套必须同一宫调。

【动感小课堂】

诗词朗诵

寻寻觅觅，冷冷清清，凄凄惨惨戚戚。乍暖还寒时候，最难将息。三杯两盏淡酒怎敌他晚来风急。雁过也，正伤心，却是旧时相识。满地黄花堆积。憔悴

损，如今有谁堪摘？守著窗儿，独自怎生得黑？梧桐更兼细雨，到黄昏，点点滴滴。这次第，怎一个愁字了得？

——李清照《声声慢》

暗淡轻黄体性柔，情疏迹远只香留。何须浅碧深红色，自是花中第一流。梅定妒，菊应羞，画栏开处冠中秋。骚人可煞无情思，何事当年不见收？

——李清照《鹧鸪天·桂花》

生当作人杰，死亦为鬼雄。至今思项羽，不肯过江东。

——李清照《夏日绝句》

从绝妙的抒情词《声声慢》《鹧鸪天·桂花》到歌颂英雄气概的《夏日绝句》，都出自宋代著名词人李清照。

二、女性古典诗词作品中的柔和刚①

在古代由于受男权思想的束缚，受"女子无才便是德"的封建思想影响，古代著名的女性作家屈指可数，男性作家诗词中描绘的女性大多为怨妇思妇，柔弱形象居多。但是，古代为数不多的女性诗词作品不仅表现了女性的阴柔之美，也不乏阳刚之气，刚柔相济，展现了女性坚强独立的一面。

（一）纤柔委婉

在女性作家的诗词中，柔的形象远比男性笔下来得真切丰满、细腻传神。突出表现为以下几个特点：

1. 清纯可人——和羞走，倚门回首，却把青梅嗅

南宋女词人朱淑贞，在《点绛唇》中描绘的女子，着实清纯可爱、活泼乐观：

蹴罢秋千，起来慵整纤纤手。露浓花瘦，薄汗轻衣透。

见有人来，袜刬金钗溜。和羞走，倚门回首，却把青梅嗅。

荡秋千后，薄汗湿透轻衣，人似花染露，活泼天真的少女形象已显露出了；见有人来时，慌忙中袜子落下金钗滑落，含羞疾走，又依门回眸，怕人猜透心思，借嗅梅子的清香掩饰自己。女儿家细腻的心思，可人的娇羞，纤毫毕现。

2. 春心荡漾——初合双鬟学画眉，未知心事属他谁

少女时期的朱淑贞所吟《秋日偶成》，读来格外细腻传神：

初合双鬟学画眉，未知心事属他谁。待将满抱中秋月，分付萧郎万首诗。

情窦初开的二八多娇女坐在镜前学描眉，眉笔轻轻扫过淡眉，镜中的自己娇美清丽，看着镜中自己的俏模样儿，不由心中琢磨：谁将是自己的如意郎君呢？她进一步幻想：将来嫁一位像萧衍一样才貌双全的丈夫，长相厮守如夜夜中秋圆月，把自己所有诗篇交与丈夫月下共赏。少女对美好爱情的无限向往，幽美柔婉，犹如春风吹拂无垠的湖面，撩起涟漪无穷。

3. 妩媚放情——娇痴不怕人猜，和衣睡倒人怀

女性的柔美，在朱淑贞热烈奔放地享受爱情时，最是妩媚动人，光华四溢。以《清平乐·夏日游湖》为例：

恼烟撩露，留我须臾住。携手藕花湖上路，一霎黄梅细雨。

娇痴不怕人猜，和衣睡倒人怀。最是分携时候，归来懒傍妆台。

① 邓岳. 女性古典诗词作品中的柔和刚［J］. 青年文家，2009（3）：23-24.

淡烟清露，黄梅细雨，藕花湖上。在这柔和清丽犹如梦幻的境地，还是少女的朱淑贞，牵着恋人的手，漫步软语，浪漫得令人陶醉！梅雨飘洒，炽烈的情爱哪能再受理智的束缚？她放情地依偎在恋人的怀抱里，似睡如醉……

4. 孤寂委婉——不如向帘儿底下，听人笑语

文学史上的才女们，婚后的爱情生活大多不如意，唯李清照与赵明诚，妇唱夫和，感情融洽。然而南渡以后，赵明诚病逝，她孤身寄居江南，即使"元宵佳节"，也"谢他酒朋诗侣""向帘儿底下听人笑语"（《永遇乐》），孤独抑郁，愁肠百结。在《武陵春》中，思乡怀旧感时之情郁结心头，厚重驳杂，远不是汉唐以来的怨妇形象了：

风住尘香花已尽，日晚倦梳头。物是人非事事休，欲语泪先流。

闻说双溪春尚好，也拟泛轻舟。只恐双溪舴艋舟，载不动许多愁。

昨夜风狂，窗外花尽，眼前景勾起心头万般愁；太阳老高了，才恹恹地起得床来，却又懒得梳头；看到遗物，思念逝去的丈夫，感念故国家园尽失，觉得万事皆休，悲情不禁又涌上心头。渐渐收泪，终于盘算去双溪泛舟赏春，借以派遣忧愁，转念又想到双溪舟小，哪里载得动我这么多的愁啊？真个是情意委婉，悱恻缠绵。

5. 柔弱无奈——念我出腹子，胸臆为摧败

战乱频仍的年代，女人遭受的苦难是最为深重的，它们把女性的柔美，化成了倍受熬煎的无奈，浸透纸背的只有女性的血和泪。

东汉末年，军阀混战，羌胡番兵乘机掠掳中原一带，蔡文姬被掳到了南匈奴，嫁给了左贤王，饱尝了异族异乡异俗生活的痛苦，却生儿育女。十二年后，曹操用重金赎回。她在《悲愤诗（一）》中写道：

去去割情恋，遄征日遐迈。悠悠三千里，何时复交会。

念我出腹子，胸臆为摧败。既至家人尽，又复无中外。

蔡文姬遭受掳掠又被迫嫁给胡人是痛苦的。终于能回归日思夜盼的故土了，又难以割舍丈夫左贤王和亲生的孩子。作为女人，她悲喜交集，哭笑两难，柔肠寸断，柔情化作了不尽的磨难。

（二）刚毅豪迈

这个词似乎被男性诗词作家视为专利，其实刚毅豪迈并非男子性情独有，它在女性作家的诗词里并不少见。她们抒写的女性形象，既铁骨铮铮、豪迈自信，又颇具女性本色。主要表现出以下几种典型特质：

1. 刚烈威猛——休言女子非英物，夜夜龙泉壁上鸣

清末秋瑾，又称鉴湖女侠，1904 年她留学日本，先后参与成立多个反清团体，加入光复会和同盟会。1906 年年初回国，教书办刊，提倡女权，宣传革命。1907 年春，回绍兴与徐锡麟准备皖浙两省起义，被捕就义。她的许多诗词格调高亢雄伟，如蛟龙冲天而起，似狂飙横扫寰宇。如《黄海舟中日人索句并见日俄战争地图》：

万里乘云去复来，只身东海挟春雷。忍看图画移颜色，肯使江山付劫灰。

浊酒不销忧国泪，救时应仗出群才。拼将十万头颅血，须把乾坤力挽回。

此诗气势磅礴，斩钉截铁，情辞激越，读来铿锵有力，热血沸腾。最后两句，诗人以慷慨赴死的侠气，决意拯救危亡的祖国！秋瑾真可谓古典诗词作家中最富侠义勇武的烈女子，"休言女子非英物，夜夜龙泉壁上鸣"（《鹧鸪天》），正是她诗风人品的写照。

2. 雄奇悲壮——生当作人杰，死亦为鬼雄

李清照是南宋词坛婉约派的代表，她的《夏日绝句》却气贯长虹：

生当作人杰，死亦为鬼雄。

至今思项羽，不肯过江东。

开篇慷慨陈词：活着就要做人中的豪杰，死了也要做鬼中的英雄！并以项羽宁死不退回江东来比照，无情指斥南宋统治者一味逃跑，苟且偷生。字字掷地有声，形象顶天立地，格调雄奇悲壮。

3. 孤傲自信——算缟綦，何必让男儿，天应忌

明末清初的女词人顾贞立，她将身世之感抒写亡国之痛，在《满江红·楚黄署中闻警》中云：

江上空怜商女曲，闺中漫洒神州泪。算缟綦，何必让男儿，天应忌。

她为自己不能像男儿那样驰骋疆场、为国牺牲，深感悲愤和不平，凸现出孤高不群的气度。

4. 坚忍顽强——生仍冀得兮归桑梓，死当埋骨兮长已矣

女性的刚强，不一定像烈性男儿一样气冲牛斗、挥剑断喉；可能是守着凤愿，忍痛忘死，饮泣含垢，年复一年。《胡笳十八拍》相传为蔡文姬归汉后所作，第十一拍这样写道：

我非贪生而恶死，不能捐身兮心有以。生仍冀得兮归桑梓，死当埋骨兮长已矣。

日居月诸兮在戎垒，胡人宠我兮有二子。鞠之育之兮不羞耻，愍之念之兮生长边鄙。

十有一拍兮因兹起，哀响缠绵兮彻心髓。

蔡文姬在精神上经受着双重的屈辱：作为汉人，她成了胡人的俘虏；作为女人，她被迫嫁了胡人。在身心倍受煎熬的日日夜夜里，生死不渝地盼望回归故乡，支持她顽强地活下去，在忍辱含垢中度过了十二年。哀伤悲怆的叙述烘托出主人翁作为女人特有的刚性——坚忍顽强！

二、女性诗歌的含义

（一）"女性诗歌"的源起

"女性诗歌"一词是在1986年唐晓渡首次使用后而流行的。从广义上看，女性诗歌是指自然人性别身份为女性的作者的文学创作；从狭义上看，是指女性作者带有"女权、女性主义"倾向的写作。

（二）女性诗歌的内容及特征

女性诗歌的内容：用一种明晰的语言方式表现与社会性别有关的主题、经验、心理的女性诗人作品。

女性诗歌的特征：性别意识、自白爱情，永远是女性诗歌的第一主题。

女性诗歌常用的意象：对传统意象的重构，自白化的意象，日常化的意象，如躯体、镜子、头发……

（三）女性诗歌的发展

中国的女性诗歌写作大致经历了三个阶段：自我缺失、自我发现、自我塑造。

自我缺失：女性诗歌写作边缘化，处于不自觉的写作阶段。

自我发现：这是从边缘向中心靠拢的阶段，也是女性诗歌写作开始自觉的阶段。

自我塑造：过程主义女性诗歌写作。

（四）女性意识

女性意识就是指女性对自身作为人，尤其是作为女人的价值的体验和醒悟。其表现为拒绝接受男性社会对女性的传统定义和约束，以及争取女性权益，倡导两性平等；同时，又表现为关注女性的生存状况，审视女性心理情感和表达女性生命体验。女性诗歌是女性意识觉醒在特定阶段的体现。

神女峰

舒婷

向你挥舞的各色手帕中

是谁的手突然收回

紧紧捂住自己的眼睛

当人们四散离去

谁还站在船尾

衣裙漫飞，如翻涌不息的云江涛

高一声

低一声

美丽的梦留下美丽的忧伤

人间天上，代代相传

但是，心真能变成石头吗

沿着江岸

金光菊和女贞子的洪流

正煽动新的背叛

与其在悬崖上展览千年

不如在爱人肩头痛哭一晚

舒婷以自我心灵的抒写，独立人格价值的觉醒，颠覆着男权文化的陈规旧习，呼唤着女性独立意识的崛醒。从抒情主人公的理想爱情中，我们看到了女性自我救赎的道路，反映了社会女性对生命本体自由和解放的追求与宣告。

这是新时期的女性发出基于生命本真的呼唤，她呼吁女性们大胆地去追求俗世的幸福，为爱而哭为爱而笑，而不要为了什么"贞女节妇"的虚名牺牲自己的幸福。这个阶段，我们首先听到舒婷发出这样的声音："与其在悬崖上展览千年，不如在爱人肩头痛哭一晚。"从此，女性诗歌写作开始从"不自觉"走向自觉，从"被解放"走向解放。

随后，经过翟永明、傅天琳、伊蕾、唐亚平、海男等女诗人的努力，中国女性诗歌写作第二阶段的目标——自我发现，获得真实的身份和表达——已经基本实现。换句话说，从朦胧诗开始到20世纪90年代中后期，中国女性诗歌写作的最大成就，就是通过自觉写作完成了自我发现。女性诗歌在不同阶段的内容正是女性意识在当时的反映。

独白

翟永明

我，一个狂想，充满深渊的魅力

偶然被你诞生。泥土和天空

二者合一，你把我叫作女人

并强化了我的身体

我是软得像水的白色羽毛体

你把我捧在手上，我就容纳这个世界

穿着肉体凡胎，在阳光下

我是如此眩目，是你难以置信

我是最温柔最懂事的女人

看穿一切却愿分担一切

渴望一个冬天，一个巨大的黑夜

以心为界，我想握住你的手

但在你的面前我的姿态就是一种惨败

当你走时，我的痛苦

要把我的心从口中呕出

用爱杀死你，这是谁的禁忌？

太阳为全世界升起！我只为了你

以最仇恨的柔情蜜意贯注你全身

从脚至顶，我有我的方式

一片呼救声，灵魂也能伸出手？

大海作为我的血液就能把我

高举到落日脚下，有谁记得我？

但我所记得的，绝不仅仅是一生

《独白》发表于1984年，具有类似"自白"风格，展示了作者特殊的生存经验，多愁善感，目光直逼内心的隐蔽角落。

【核心小结】

1. 诗歌分类、女性古典诗词柔和刚、女性诗歌。

2. 诗词意境中女性人生况味，诗歌是蕙心兰质的源泉。

才情女性·欣赏

音乐

【学习目标】

◎了解我们需要知道和认识哪些音乐。

◎理解音乐对我们的有哪些作用。

◎掌握欣赏音乐的方法。

【课程导入】

我们先来来看下面一组数据：

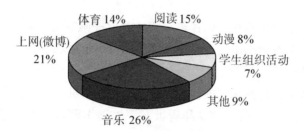

大学生各兴趣爱好所占比例

从上图的数据中我们看出音乐在大学生中占据了很大的比重。本单元与大家一起分享和交流关于音乐的内容，包括我们需要知道和认识哪些音乐、音乐对我们的有哪些作用，我们怎样去欣赏音乐。

一、我们需要了解和认识哪些音乐

（一）民族音乐

民族音乐的类型：民间歌曲、民间歌舞、说唱音乐、戏曲音乐和器乐。

中国五声调式：宫、商、角、徵、羽。

曲例：《茉莉花》。

【知识广角镜】

民族音乐发展的历史概况

原始氏族社会——生产劳动、巫术。

奴隶制社会——祭祀大典、重大宴享。

封建制社会——宫廷建立乐府；说唱、戏曲、小型器乐。

近代——民族音乐开始借鉴西洋音乐。

现代——专业音乐创作与民族民间音乐相结合。

【延伸阅读】

走向世界的民族音乐

歌剧《图兰朵》提取改编了江苏民间小调《茉莉花》中的音乐元素，《茉莉花》成为我们走向世界的第一民乐，由意大利作曲家、著名歌剧大师普契尼改编；2003 年，宋祖英成为把中国传统民乐带到维也纳金色大厅的第一人。

【动感小课堂】

音乐欣赏：歌剧《图兰朵》选段，歌曲《茉莉花》。

（二）古典音乐

1. 概述

广义上的古典音乐泛指西洋古典音乐，狭义上指古典主义音乐（18—19 世纪），主要以海顿、莫扎特和贝多芬为杰出代表，又称维也纳古典乐派。

2. 世界音乐大师

这里主要介绍维也纳古典乐派的代表海顿、莫扎特、贝多芬，以及中国的代表谭盾。

海顿，1973 年生于奥地利，1809 年逝世。一生创作繁多，曾作有交响乐 104 首，弦乐四重奏 83 首，以及协奏曲、奏鸣曲、清唱剧和宗教音乐等；他收集整理了许多民歌，他的音乐形象鲜明、具有乐观、朝气和幽默的特征，尤其是后期的交响乐作品，成为音乐史上艺术形成完善的古典范例。

莫扎特，1975 年生于奥地利。他八岁开始创作交响乐，十一岁创作歌剧，他所作的 21 首钢琴协奏曲、5 首小提琴协奏曲，都由他本人亲自独奏首演。他一生创作了 41 首交响曲，19 部歌剧及各种乐器的协奏曲、奏鸣曲室内乐和宗教音乐等。莫扎特的音乐明朗、乐观、秀丽而富有神采。

贝多芬，1770 年生于德国，1827 年逝世，一生贫困，终身未婚，27 岁开始患耳疾，48 岁两耳全聋。他坎坷的命运和顽强的精神，都说明了他超强的毅力。他一生创作了 9 首交响曲，11 首序曲，5 首钢琴协奏曲，以及室内乐、清唱剧等。

谭盾，中国作曲家、指挥家。他的音乐跨越了古典与现代、东方与西方、多媒体与表演艺术的众多界限，对世界乐坛产生了不可磨灭的影响，被评为"国际乐坛最重要的十位音乐家"和"2006 年影响世界的十位华人之一"。

【动感小课堂】

音乐欣赏：莫扎特的《土耳其进行曲》，谭盾的《地图》。

（三）流行音乐

流行音乐的现代生活特征比较明显，音乐语言相对浅显，表现手法相对简单，在社会上广为流传。其包括爵士乐、摇滚乐、乡村音乐、电子舞曲等现代音乐。它是区别于古典音乐、民族音乐的一种。

【知识广角镜】

中国流行音乐发展的历史概况

20 世纪的 20 年代末：开始兴起"学堂乐歌"，当时清政府派出去的一些留学生东渡日本留学，回国以后把外国的民间歌曲曲调拿来填上我们中国的词，就叫"学堂乐歌"，篇幅短小，容易传唱，例如《送别》。

20 世纪 30—40 年代：歌曲创作大致分为两大潮流，以聂耳、冼星海等为代表的大众进步歌曲、抗日救亡歌曲和以黎锦辉为代表的城市商业化流行歌曲。

20 世纪 50—70 年代，主流音乐是时政歌，就是我们现在所说的红歌，歌颂党和歌颂毛主席。《东方红》《我爱北京天安门》等是其典型代表。

改革开放以后，港台流行歌曲大量输入，成为最重要的文化现象。

【延伸阅读】

走向世界的流行音乐

朱哲琴，早期以《一个真实的故事》获得 1990 年的"中国青年歌手电视大奖赛"亚军。

她的《阿姐鼓》专辑行销全球 56 国，累计销售三百万张，音乐影像片在 81 国首映播放，是中国和世界乐坛的音乐里程碑。

谭晶，第一个在维也纳金色大厅举行独唱会的中国流行唱法歌唱家。她充分运用自己融美声、民族和流行三种唱法于一体的跨界风格走向了世界。

她的代表作是《银白色的月光》和《无题》。

只有民族的才是世界的，世界的才能更民族。好的优秀的音乐，其艺术语言丰富，表现技法精湛，具有较高的文化内涵和纯正的艺术品质，以及具有持久的艺术生命力。总的来看，在现在的网络信息化时代，我们能听到的音乐有很多，怎么取其精华，去其糟粕呢？高素质的大学生除了要学会鉴赏流行音乐意外，还应该多听古今中外的经典音乐。

【动感小课堂】

音乐欣赏：朱哲琴的《阿姐鼓》，谭盾的《地图》。

二、音乐对我们的有哪些作用

（一）以美引善

（1）音乐能够健全人格，完善人的道德行为。

荀子《乐论》：乐者，圣人之所乐也。而可以善民心，其感人深，其移风易俗。故先王著其教焉。

《礼记·乐记》中谈道："先王之为乐也，以法治也，善则形象德矣。"

曲例：《感恩的心》。

（2）音乐能够增强民族认同感，培养人的爱国主义情感。

曲例：《保卫黄河》《北京欢迎你》。

（3）音乐能够促进人际（国际）交流。

托尔斯泰说："艺术是人与人之间相互交际的手段之一。艺术的主要吸引力和性能就在于消除个人的离群和孤单之感，就在于使个人和其他的人融合在一起。"

曲例：《我和你》（2008年第二十九届（北京）奥运会开幕式主题曲）

（4）音乐能够培养人的理想个性和气质。

活泼好动——安定庄重（乐曲）——克服散漫；

安静沉默——激昂有力（乐曲）——克服保守；

暴躁激动——温柔和谐（乐曲）——克服粗暴。

曲例：斯特劳斯的《拉德斯基进行曲》，贝多芬的《命运交响曲》，以及乡村音乐《故乡的路》等。

（二）以美益智

（1）音乐能够培养人的高尚情操和良好品格。例如，约翰·施特劳斯《蓝色多瑙河》给人以审美的愉悦和欢乐，具有特殊的魅力。

曲例：《蓝色多瑙河》《摘星》。

（2）音乐有助于培养人的形象思维和创新思维。

科学家爱因斯坦："我的科学成就，许多是受音乐的启发得来的。"国家最高科技奖的获得者、"杂交水稻之父"袁隆平也爱好音乐，曾登台演奏过小提琴。科学家钱学森："音乐艺术里所包含的诗情画意和对人生的深刻理解，丰富了我对世界的认识，学会了艺术的广阔思维方法，或者说，正因为我受到这些艺术方面的熏陶，才能够避免死心眼，避免机械唯物论，想问题能够更宽一点、活一点。"

（3）音乐有助于提高学习和工作效率。

音乐和其他艺术一样，能够帮助我们训练和开发大脑的功能，有时我们觉得单独背诵一段诗词或歌词会比较难，比较枯燥，但是如果通过歌唱的方法边唱边记，就会觉得比较流畅和容易。

曲例：新学堂歌《游子吟》，王菲的《但愿人长久》。

（三）以美健体

（1）音乐可以调节人的情绪，促进心理健康。

明代学者王守仁说："故凡诱之歌诗者，非但发其意志而已，所以泄其跳号呼啸于咏歌，宣其幽抑结滞于音节也。"白居易在《好听琴》中说："一声来耳里，万里离心中。清畅堪销疾，恬和好养蒙。"《礼记·乐记》记载：宫动脾、商动肺、徵动心、羽动胃。

音乐美学家爱德华·汉斯立克在《论音乐的美》中说："音乐的医疗功能理论基础是受声波的物理影响，这个物理影响从听觉神经传达到其他神经，通过普遍的振动在有病的机体内唤起良好的反应，听觉神经的纤维与其他神经相连，并且把刺激传达给它们。"

（2）音乐具有保健治疗的作用。

美国、日本等国家设立了音乐医院、音乐门诊、音乐疗养院。

曲例：舒曼《梦幻曲》。

三、我们怎样去欣赏音乐

（一）培养对经典音乐或高雅音乐的兴趣

（1）要喜欢听音乐。

最好是把自己听的音乐的范围逐步扩大。我不能把自己听的音乐的范围限制得非常狭小，音乐艺术遗产非常丰富，听流行音乐的同时也能欣赏一些艺术的音乐，古典的音乐，民族的音乐，从音乐当中，吸取更多的文化的和精神的营养。

（2）怎样听音乐。

从篇幅短小、主题鲜明、容易理解的音乐入手，随之可以逐渐地欣赏比较复杂的作品；听看结合，反复多听音乐，增加感性积累；通过阅读有关书籍，观看音乐家传记和电影，从了解音乐家的故事入手，培养对经典音乐的兴趣，逐步提高我们的音乐欣赏水平。

（二）选择欣赏音乐的方式

欣赏音乐的方式主要有两种，一种是审美艺术的欣赏方式，另一种是背景式的消遣的欣赏方式。所谓审美艺术的欣赏方式，首先就要求你不能做别的事情，要专心致志地倾听音乐，全神贯注地投入音乐，对音乐进行艺术的审美的欣赏。所谓背景式的消遣的欣赏方式，就是说你不把欣赏音乐作为你这个时段的一个主要的活动，你在同时做别的事情，比如你在休息，你做饭，你做家务等的同时播放音乐，而且从音乐当中也能得到情绪的舒缓和心理的愉悦感。

艺术的审美的欣赏方式可分为两种，一种是以欣赏作品为主，另外一种是以欣赏表演为主。所谓以欣赏作品为主，就是说我们审美的关注力集中于这部音乐作品本身，欣赏它的音乐美。欣赏表演为主就是更多地关注音乐附带的表演形式。

（三）欣赏音乐会的基本礼仪

音乐会与演唱会（歌友会）的区别，前者是庄重的、严肃的，后者是轻松的、活跃的。

（1）进入音乐厅时应注意的事项。

着装要求：在一般人的印象里，听交响乐都是要西装革履的，其实在中国大可不必，毕竟，西服不是我们的传统礼仪服装，只要穿着干净整齐、不邋遢，音乐厅里都能够接受。

时间观念：如果你要去音乐厅欣赏音乐会，一定要尽早赶到音乐厅附近，务必提前入场。提前入场有很多好处，可以有充裕的时间阅读节目单上有关乐曲、乐队、指挥的详细介绍，当然，最重要的，这也是对演出团体和艺术家最起码的尊重。如果迟到了，在演出过程中是不给进场的，一般是在乐章间休息时才准入。

干扰物品：尽量避免携带那些容易发出干扰噪声的物件入场，比如塑料袋、塑料瓶等，一般音乐厅入口大厅里都有这些小件物品的免费寄存处。

有些音乐厅是明令禁止身高一米二以下的儿童入场的，因为，身高一米二以下的儿童一般都不具备情绪控制力。所以，除了一些专门面向儿童的专场音乐会外，尽量避免携带那些尚不具备情绪控制力的孩子去音乐厅。

（2）聆听音乐会时应注意的事项。

不能乱鼓掌、乱喝彩、乱献花。当我们在听交响音乐会时，由于交响曲一般都有几个乐章，每个乐章演奏完了都有一个短暂的停顿，这时你千万不要鼓掌或献花。因为整个乐曲还没演奏完，如果鼓掌了就会打断和干扰指挥与演奏人员的思路。全部乐章演奏结束后，指挥一般都会转过身来鞠躬谢幕，此时你就可以纵情鼓掌、喝彩来表示对艺术家们的感谢。更不用说交头接耳、嗑瓜子，甚至睡觉打呼噜的行为了。这种行为会被看作是缺乏文化修养和没有礼貌的表现。如果搞不清什么时候鼓掌你就不要带头鼓掌，等大家鼓掌时再跟着鼓掌。有一个简单的判断方法：演出前用点时间熟悉节目单、了解作品的乐章数目，演出时用心数乐章，一般乐章之间台上的指挥、演奏家们都有简单的休整动作。

（3）音乐会结束时应注意的事项。

一个正规乐团在常规音乐季演出里，正式曲目结束后，一般是没有安可的（加演曲目），而那些交流、访问性质的演出，因为难得一见、难得一听，安可曲总是少不了的，每到这个时候，乐团和指挥都会使出浑身解数奉献出他们最擅长、最精彩的音乐，而他们的安可表现、安可曲目的多少很大程度上取决于听众掌声、喝彩声的热烈程度。如果你确实喜欢他们的表现，不妨鼓掌鼓得猛烈一点、热情一点。

出于礼节考虑，只要乐队首席（坐在第一小提琴最前面的那一位）没有起身退场，观众最好不要匆忙起身退场。

如果你愿意，听完音乐会后，不妨与一些爱音乐的朋友交流自己的聆听感受，这也是一件很美妙的事！

【延伸阅读】

音乐知识推荐

1. 三本书：《音乐·艺术·人生》《李岚清音乐笔谈——欧洲经典音乐部分》《李岚清中国近现代音乐笔谈》。

2. 两部音乐家传记电影：《一曲难忘》《莫扎特传》。

3. 一部音乐剧：《猫》。

4. 一部音乐电影：《放牛班的春天》。

【核心小结】

1. 只有民族的才是世界的，世界的才能更民族。

2. 高素质的大学生除了要学会鉴赏流行音乐以外，还应该多听古今中外的经典音乐。

3. 音乐之美引善、益智、健体。

4. 音乐可以多听多看多积累，使生活更有情趣，思维更有创意，学习、工作更有效率。

才情女性·欣赏

电影

【学习目标】

◎了解电影的起源、中外影片差异、我国电影历史划分与代表导演、国内外电影荣誉最高奖项、国际电影节的起源与特点等电影知识。

◎掌握电影欣赏的方法。

◎欣赏推荐给大学生的十部电影。

【课程导入】

让我们一起来重温下面经典电影语录

1. 生活就像一盒巧克力，你永远不知道你会得到什么。——《阿甘正传》

2. 你以为我穷。不漂亮，就没有感情吗？如果上帝赐给我美貌和财富，我也会让你难于离开我的！就像我现在难于离开你一样！——《简·爱》

3. 我听别人说这世界上有一种鸟是没有脚的，它只能一直飞呀飞呀，飞累了就在风里面睡觉，这种鸟一辈子只能下地一次，那边一次就是它死亡的时候。——《阿飞正传》

4. 世界上最遥远的距离不是生和死，而是站在你面前却不能说："我爱你。"

——《星愿》

电影能给我们带来什么？

收获更丰盛的生活，来自心灵的震撼，

人情与人性的领悟，审美的享受与陶冶。

一、电影的起源

（一）光影理论的发现

约在公元前五世纪左右，我国哲学家墨子在《墨经》中提出了"光至景（影）亡"等10多条有关光学的论断。这是全世界最早的有关光学的科学论述。

灯影戏、皮影戏，即用兽皮或纸板做成的人物剪影来表演故事的民间戏剧，被认为是电影前驱，产生于汉朝，盛行于唐宋后，有浓厚的乡土气息。其流行范围极为广泛，并因各地所演的声腔不同而形成多种多样的皮影戏。

幻灯、走马灯是13世纪灯影戏传入中东、欧洲、东南亚等地后产生的形象的、运动的视觉游戏。

（二）视觉暂留

1829 年，比利时著名的物理学家约瑟夫·普拉托为了进一步考察人眼耐光的限度，以及对物象滞留的时间，他曾一次长时间对着强烈的日光凝目而视，结果双目失明。但他发现太阳的影子深深地印在了他的眼睛里，这就是视觉滞留。视觉滞留即当人们眼前的物体被移走之后，该物体反映在视网膜上的物象不会立即消失，会继续短暂滞留一段时间。

19 世纪 30 年代，诡盘、走马盘、轮车盘、活动视镜和频闪观察器等视觉玩具相继出现。其基本原理大同小异，即在能够转动的活动视盘上画上一连串的图像，而当视盘转动起来时那些静止的、无生命的图像便运动起来，活灵活现。此后，奥地利人又将幻灯和活动视盘相结合，使绘制的静止的图画投影在银幕上，制作出活动幻灯，形成了早期动画。

（三）摄影术

摄影术同样产生于 19 世纪的欧洲。1839 年，法国人达盖尔根据文艺复兴以后在绘画上的小孔成像的原理，并使用化学方法，将形象永久地固定下来，"达盖尔照相法"产生。1872 年，最先将此照相法运用于连续拍摄的，是摄影师爱德华·爱布里奇。他曾做了一个在 5 年的时间里，多次运用多架照相机给一匹正在奔跑的马进行连续拍摄的实验，并于 1878 年获得成功。这位天才的摄影师将 24 架照相机排成一行，当马跑过的时候，照相机的快门就被打开，马奔跑的姿态便被依次地拍摄下来。1882 年，法国人马莱利用左轮手枪的间歇原理，研制了一种可以进行连续拍摄的摄影枪。此后他又发明了软片式连续摄影机。

（四）放映术

放映术成为人们这一时期相互竞争的目标。1877，法国人埃米尔·雷诺发明了光学影戏机——电影动画雏形。人们开始可以幕布上看到几分钟的活动影戏。

（五）电影的诞生

1894 年，爱迪生发明了电影视镜。电影视镜像一只大柜子，上面装有放大镜，里面装有 50 英尺的凿孔胶片。爱迪生对电影机器、装置的研制，为新艺术的诞生奠定了基础。而他更大的荣耀，则是为这门新艺术起了一个富有魅力、富有诗意、富有幻觉意识的名字——电影。

爱迪生的电影视镜传到法国后，引起了卢米埃尔兄弟的重视，他们对电影视镜和自己的连续摄影机进行综合研究，采用马莱的摄影抢和爱迪生的穿孔机，这就是把摄影机、放映机和洗印机的功能集合在一起，做成了独创的活动电影机。后来卢米埃尔兄弟于 1895 年 3 月 22 日，获得了拍摄和放映电影的权利，成为真正电影的发明者和创始人。卢米埃尔兄弟运用电影活动镜拍摄了 50 多部短片，大致有以下几种题材及其代表作。

一是表现劳动和工作的生活场景的短片，其代表《工厂大门》是世界电影史上第一部影片。

二是表现家庭生活情趣的记录短片，如《婴儿的午餐》《玩纸牌》《下棋》等。

三是关于政治、文化、新闻实录方面的短片，如《耶路撒冷教堂》《日本内室》等。

四是对自然风光和街头实景的拍摄，如《出港的船》《火车进站》《警察游行》《街景》等短片。

二、中外电影差异

（一）由文化差异引发大价值观差异

如内陆型文化（黄河流域）和海洋型（古希腊、古罗马）文化对应了和谐型文化的价值观与抗争型文化的价值观。

（二）思维模式、电影市场运作、科技含量、文化殖民等的差异

例如，《阿凡达》是一部斥资5亿美元、历时12年精心打造的史诗级科幻巨作，其特效成分就占了整部电影的80%。

电影《大红灯笼高高挂》中的深宅大院陈家花园，是东方黄色文明的诠释。

《卧虎藏龙》荣获奥斯卡金像奖 最佳外语片、最佳摄影、最佳艺术指导、最佳音乐。

【动感小课堂】

电影欣赏——蕴含中西方特色的精彩对白

- 慕白：秀莲。

- 秀莲：别动气。

- 慕白：生命已经到了尽头，我只有一息尚存。

- 秀莲：用这口气练神还虚吧。解脱得道、元寂永恒，一直是武当修炼的愿望。提升这一口气，到达这一生追求的境地，别放下、浪费在我身上。

- 慕白：我已经浪费了这一生，我要用这口气对你说……我一直深爱着你！

- 慕白：我宁愿游荡在你身边，做七天的野鬼……跟随你……就算落进最黑暗的地方，我的爱……也不会让我成为永远的孤魂。

这种对大自然的抗争与征服情结在好莱坞出产的众多科幻片和灾难电影中可见一斑，如《后天》等片。

《唐山大地震》表现了灾难在于人物内心——"倒塌的房子都盖起来了，可我妈心里的房子再也没盖起来，三十二年守着废墟过日子。"

三、国外知名电影节及其重要奖项

（一）国际电影节

欧洲是国际电影节的发源地，有24个国家先后举办过144个电影节。其中意大利27个，法国26个，西班牙23个，这三个国家共举办了76个电影节，占欧洲总数的一半左右。

1. 9 大 A 级国际电影节

（1）法国戛纳国际电影节：创办于 1939 年，最高奖为金棕榈奖。

（2）德国柏林国际电影节：创办于 1951 年，最高奖为金熊奖。

（3）意大利威尼斯国际电影节：创办于 1931 年，最高奖为金狮奖。

（4）日本东京国际电影节：创办于 1985 年，最高奖为东京大奖。

（5）俄罗斯莫斯科国际电影节：创办于 1959 年，最高奖为圣·乔治奖。

（6）捷克卡罗维法利国际电影节：创办于 1946 年，最高奖为水晶球奖。

（7）埃及开罗国际电影节：创办于 1976 年，最高奖为金字塔奖。

（8）上海国际电影节：创办于 1993 年，最高奖为金爵奖。

（9）加拿大蒙特利尔国际电影节：创办于 1977 年，最高奖美洲大奖。

2. 五大国际电影节

（1）法国戛纳电影节。

（2）德国的柏林电影节。

（3）意大利的威尼斯电影节。

（4）加拿大的蒙特利尔电影节。

（5）捷克的卡罗维发利电影节。

3. 欧洲三大国际电影节

（1）法国戛纳电影节（金棕榈奖）。

（2）德国柏林电影节（金熊奖）。

（3）意大利威尼斯国际电影节（金狮奖）。

在众多的电影节中，欧洲三大国际电影节有着最为深远的影响，无论是金棕榈奖、金熊奖还是金狮奖，其权威性、艺术性、科学性，都足以媲美奥斯卡金像奖。

（二）国内知名电影节及其重要奖项

中国有四大电影节：上海国际电影节、金鸡百花电影节、中国长春电影节、珠海电影节。

中国电影比较有影响力的奖主要有四个：中国电影金鸡奖、大众电影百花奖、中国电影华表奖、中国电影童牛奖。

四、中国著名导演及代表作

（一）张艺谋：最具国际影响力的导演

张艺谋，其早期作品以执导充满中国乡土情味的电影著称，艺术特点是细节的逼真和主题浪漫的互相映照。电影风格勇于创新，涉及题材广泛，每次上映都能引起国内舆论的高度关注。其代表作品有《黄土地》《大红灯笼高高挂》《英雄》《金陵十三钗》等。

（二）顾长卫："中国第一摄影师"的华丽转身

顾长卫摄影才华体现在陈凯歌的《孩子王》和张艺谋的《红高粱》中。《孩子王》静态摄影内涵丰富、风格清丽；《红高粱》洒脱张扬，拍出大自然的生命感。

2005 年，顾长卫的导演处女作《孔雀》获得柏林电影节银熊奖。2007 年，他的第二部导演作品《立春》为女主角蒋雯丽赢得了罗马电影节影后的桂冠。2011 年，顾长卫第三部导演作品《最爱》，为主演章子怡赢得了上海影评人奖影后、郭富城首次金鸡提名。

（三）王小帅：独树一帜的电影风格

王小帅：1966 年出生，1985 年考入北京电影学院导演系。青年导演王小帅凭借其独特、敏感的电影个性，形成了自己独树一帜的电影风格，他的作品中没有华丽的场景，没有惊心动魄的剧情，只有朴实的、贴近生活的镜头。其代表作有《地久天长》《十七岁的单车》等。

【核心小结】

1. 电影的起源。

2. 中外影片差异。

3. 中国第六代导演及代表作。

4. 国内外电影荣誉最高奖项。

5. 推荐给大学生的十部电影。

6. 电影让你的生活更美好。

才情女性·欣赏

【学习目标】

◎了解摄影作品的分类和欣赏、主流摄影大赛价值取向。

◎掌握摄影常见问题及如何拍摄好的照片。

◎读懂摄影作品的思想性与艺术性；并从学习理论转化为动手拍照。

【课程导入】

随着智能手机的普及，手机具有的功能也越来越多。尤其在社交软件频出的今天，用照片来表达心情已经成了几乎每个年轻人都喜欢的事情之一了。拍照功能的普及意味着人们对图片的要求越来越高。我们经常能够听到摄影和拍照这两个词。那么我们在平时生活中所说的摄影和拍照到底有什么不同呢？拍照和摄影是不是同一个概念呢？今天，我们一起来学习摄影。

一、摄影作品分类

（一）艺术摄影

艺术摄影大致可分为抒情摄影、风光摄影、风情摄影、人像摄影、静物摄影、动植物摄影、社会生活摄影等。

（1）抒情性摄影：意境与主观情思结合；审美价值是第一位的，认识价值是第二位的。

（2）风光摄影：摄影者对自然景观、文化景观进行审美表现的作品。

（3）风情摄影：摄影者对民俗风情进行审美描写的作品。

（4）人像摄影：摄影者对人物进行审美刻画的作品。

（5）静物摄影：摄影者对静态物体进行审美描写的作品。

（6）动植物摄影：摄影者对动植物进行审美描写的作品。

（7）社会生活摄影：摄影者以社会生活事物为对象进行审美表现、表达的作品。

（二）记录摄影

记录摄影作品的创作目的和功能是记录当前生活，其认识价值是第一位的，审美价值是第二位的。在记录性作品中，摄影者可以在构图、用光及时态、语态、省略、细节各个方面充分展示个人叙事风格。

记录摄影的题材包括突发性新闻，一般新闻，日常生活新闻，新闻人物、肖像特写，文化艺术，体育，军事，自然与环境，社会纪实等。

（1）突发性新闻：记录现场中发生的无法预料的新闻事件的图片。

（2）一般新闻：记录以一件新闻事件为背景的图片。

（3）日常生活新闻：记录不同地区人们的日常生活情况的新闻照片。

（4）新闻人物、肖像特写：记录与新闻事件有直接或密切关系的现场中的人物的图片。

（5）文化艺术：报道文化艺术领域的艺术、表演、文物等方面的活动与情况的图片。

（6）体育：报道体育运动方面的比赛、技艺、活动的图片。

（7）军事：报道部队军事活动的图片。

（8）自然与环境：报道自然生态环境及人与自然环境间的关系的图片。

（9）社会纪实：记录社会中某些群体或某一地域的社会与生活情况的图片。

记录摄影也有艺术性，因为我们创作的过程就是选择和提炼的过程，如果拍摄目的只是记录，就划归记录类。记录类摄影也能在市场上取得商业价值。

（三）商业摄影

商业摄影是为推广某种商品或生活方式而摄影，运用影像语言表现产品的质地、肌理和它与美好生活状态的联系。可以分为广告摄影、人像摄影、时装摄影。

广告摄影：为作广告而拍摄的推介生活方式或推介商品的图像。

人像摄影：商业影室经布光等造型方法而拍摄人物、人体图像。

时装摄影：通过模特的表演，表现服装设计的理念、风格，展示服装设计特色。构成商业摄影作品的摄影元素也有记录性和艺术性，但其创作的初衷是以商业为目的的。

二、如何分析和欣赏摄影作品

一幅好的摄影作品，可从艺术性与思想性的角度进行欣赏，它应当是题材好，摄影语言、表现手法好。

照片与光、影、构图、色彩、线条、色调、焦点的虚与实等视觉元素相关。

摄影是一种自我表达，表现了摄影人看世界的角度，反映了摄影人对世界的兴趣与感悟。

分析与欣赏摄影作品具体可从如下方面入手：

（1）选材——反映摄影作品表现的思想内容。

（2）摄影语言、表现手法，形式有以下几种：

①光影效果与趣味光线的运用。

②构图与主体的关系。

③色彩与反差的运用。

④色调与气氛的关系。

⑤虚实与动感的结合。

⑥另类与幽默的表达。

⑦衬托与对比的运用。

三、著名的摄影大赛的价值取向及对摄影意义的探讨

（一）普利策新闻摄影奖

普利策奖也称为普利策新闻奖。1917 年根据美国报业巨头约瑟夫·普利策（Joseph Pulitzer）的遗愿设立，二十世纪七八十年代已经发展成为美国新闻界的一项最高荣誉奖，一直以来普利策奖象征了美国最负责任的写作和优美的文字，其中新闻奖更是美国报界的最高荣誉。

（二）世界新闻摄影比赛

世界新闻摄影比赛（WORLD PRESS PHOTO，又称"荷赛"），由总部设在荷兰的世界新闻摄影基金会主办。该会成立于 1955 年，自 1957 年举办第一届世界新闻摄影比赛以来，截至 2012 年年底，已经举办了 55 届。

（三）中国国际新闻摄影比赛

中国国际新闻摄影比赛（华赛）是由中国新闻摄影学会主办的大型国际新闻摄影比赛。参赛照片应当围绕保卫、坚持世界的和平事业，发展、繁荣世界各国的经济和科技文化等，表现和平、经济和科技文化等诸多事业中的成就、冲突和解决矛盾的过程，表现人类生活的变化和进步，表现人的命运、情感、意志和力量。

（四）平遥国际摄影大展

2001 年，平遥举办首届"平遥国际摄影节"，完全按照国际规范操作，国内与国外、传统与现代结合、互动，在海内外产生了出乎预料的轰动效应。之后经批准，每年举办一次。

平遥国际摄影大展是唯一在世界文化遗产城市举行的摄影展，被誉为全球摄影人的奥斯卡，已成为中国十大著名节庆之一，深受全球各界关注。

四、摄影常遇到的问题

日常生活中，我们都尝试过摄影，摄影的过程中常出现的问题大概有以下几个：①逆光；②曝光过度；③曝光；④相机抖动导致虚焦；⑤主体不明确、画面混乱。

五、解决摄影常遇问题，学会基本摄影技巧

要解决摄影过程中遇到的问题，拍出好照片，我们首先要了解相机、了解摄影的基本

概念，学习摄影的一般技巧。

首先要选择合适自己的摄影器材，如旁轴、单反、微单、卡片或手机。

其次要简单了解相机的构造。

最后要掌握正确的拍摄姿势，防止因手抖而虚焦。

1. 构图

"一幅好的摄影作品，首先是构图的成功。"成功的构图能使作品内容顺理成章、主次分明、主题突出。

构图三要素：一是有吸引观众眼球的主体；二是突出故事细节，有陪体；三是有增强画面感染力的环境。

（1）黄金分割法（三分法），即数学上的一个比例关系，是我们平常说的黄金比，简单地说，就是将拍摄主体放在画面的1/3处。

（2）中央构图法：把拍摄主体放在画面的中心，起突出、强调作用。

（3）对称构图法：多用于对真实存在的实际物体的拍摄。如以中轴线为对称结构的建筑，水面、玻璃等可以映衬事物的反光面等，可给人一种稳定的感觉。

（4）前景构图法：画面上的其他元素可分为前景和后景，后景是无法避开的，而前景则是可有可无的。前景是添加在被摄主体前面的景物。拍摄时，我们可以有效利用前景来解构画面，增加层次感和立体感。

（5）放射状、S形、对角线构图法。

此外，还有许多由不同拍摄理念及现实场景特点衍生的构图法。同学们在根据实际需要掌握了以上基础构图方法后，还可以充分发挥自己的想象力和美感认知能力，尝试以新鲜的构图法拍摄作品。

2. 用光

在摄影过程中，我们离不开与光打交道，巧妙地利用不同类型、不同方向的光来增强画面的表现力，是摄影世界永恒的话题。

（1）顺光：光的照射方向与相机拍摄方向呈 $0°$ 的左右夹角，使被摄体面向相机的一面被完全照亮。简单地说，就是光往哪个方向照，相机顺着光往哪里拍。顺光可如实地展现被摄体的表面色彩、纹理、图案、结构等，常用于人像、动植物等的拍摄。

（2）逆光：光的照射方向与拍摄方向呈 $180°$ 角，被摄体正面几乎没有光照，画面暗部范围较广。简单地说，就是光往哪个方向照，相机与光对立着拍。逆光在某些艺术创作中可以实现勾勒轮廓、简化画面的效果，但用得不好，照片会作废。

（3）侧光：光的照射方向与被摄体呈大于 $0°$ 小于或等于 $90°$ 的左右夹角，被摄体靠近光源一侧被照亮，而远离光源的一侧则明显偏暗，画面上有光有影。侧光善于表现被摄体的轮廓、形状，突出被摄体的立体感和画面空间感。常用于人像、静物拍摄。

（4）顶光：光的照射来自被摄体的上方。顶光最平常不过，正午的太阳光便是顶光。

顶光善于表现被摄体的完整感，可用于景观的拍摄，如在校拍摄老隆纪念楼、图书馆等。顶光可给予静物非常锐利的效果。

　　欣赏作品时，谨记三项基本指导原则：首先，必须有一个带普遍性意义的主题；然后，必须能把观众的注意力吸引到表达主题的景物上去，要重点突出；第三，必须简洁明了，对于那些没有必要的、分散视线的景物，要尽量去掉。

【核心小结】

　　1. 摄影作品的分类和欣赏、主流摄影大赛价值取向、如何拍摄好的照片。

　　2. 摄影能让你热爱生活，培养观察发现的能力；还能锤炼思想，留下珍贵记录。

才情女性·修炼

【学习目标】

◎了解不同社会历史时期女性的地位。

◎了解不同时期女性的礼教、习俗等。

◎比较分析什么样的女性最幸福。

【课程导入】

你会用哪些词语评价妈妈和奶奶？很幸福、很辛苦、很委屈……自己与妈妈、奶奶所处的时代有哪些异同？自己有哪些活法与妈妈不同？

一、历史回眸

（一）母系社会：女神

女娲造人、女娲补天的神话传说中，女娲是中华民族的母亲，福佑社稷之正神。她慈祥地创造了生命，又勇敢地照顾生灵免受天灾，是被民间广泛长久崇拜的创世神和始母神。在母系社会，当时的妇女是备受尊崇的。在原始社会中，落后的社会生产力使主要由男子从事的渔猎业难以满足稳定的最低限度的物质生活需要，而主要由女子从事的采摘活动较为稳定，这种经济上的优势再加上分娩、哺育又主要是妇女的事，并且繁衍人口又关系到民族和部落的存亡，这些情况都确立了女子的崇高地位。

母系社会特征：男从女主，以人口生产为其主导的血缘社会。按母系计算世系血（对偶婚制），财务由氏族集体继承，实行从母方居住，妇女是氏族的管理者。

【延伸阅读】

泸沽湖·女儿国

泸沽湖处于四周群山环抱中，那里崇山峻岭，山水相依，生活着纳西族的分支摩梭人。

摩梭人世代居住在滇、川交界处的泸沽湖畔，他们仍比较完整地保留着以母系大家庭和"阿夏"走婚为主要特征的母系文化，被称为"女儿国"。

摩梭族的一切都由女性支配。摩梭族有一种独特的婚姻方式——走婚。走婚在摩挲语中叫"色色"，意为"走来走去"，它形象地表现出走婚是一种夜合晨离的婚姻关系，只有在晚上男方会到女方家居住，白天仍在各自家中生活与劳动。一到夜晚，男子会用独特的暗号敲开女子的房门。走婚的男女，维系关系的要素是感情，一旦发生感情转淡或性格不合，可以随时切断关系，因此感情自由度较高。在性事方面也是女方占主要地位，女方一旦不再为男方开门，走婚关系就宣告结束。

（二）父系社会：女奴

父系社会特征：①男尊女卑；②以物资生产为其主导的物缘社会；③一夫一妻制的婚姻形态；④父系继承权和对父系祖先的崇拜；⑤私有财产的增多和贫富分化的出现。这时候女性的地位为女奴、家奴等。

【延伸阅读】

自梳女：自梳女也称妈姐或姑婆，是指女性把头发像已婚妇一样自行盘起，以示终生不嫁、独身终老，死后称净女，是古代中国女性文化的一种。中国古代封建礼法严苛，不少女性不甘受虐待，矢志不嫁，或与女伴相互扶持以终老，这就是自梳女的雏形。明代中后期蚕丝业的兴起为女性提供了独立谋生的机会，自梳的习俗在封建礼法的压迫下，得以相沿300余年，在晚清至民国前期达于高潮，直至20世纪30年代以后，随着女性社会地位的提高和战乱的影响而渐趋消歇。2012年12月25日，顺德均安冰玉堂"自梳女"博物馆成立。

童养媳：又称"待年媳""养媳"，就是由婆家养育女婴、幼女，待到成年正式结婚。旧时，童养媳在我国甚为流行。之所以盛行童养媳，原因就是当时的社会非常贫穷落后，老百姓的生活水平十分低下，众多的民众因家境贫寒而娶不起儿媳妇，为了解决这个问题，他们就跑到外地抱养一个女孩来做童养媳，待长到十四五岁时，就让她同儿子"圆房"。新中国成立后，国家颁布了婚姻法，抱养童养女的问题得到了解决。

【动感小课堂】

小组讨论：裹脚与穿高跟鞋有什么异同？

《硕人》第一次对女性进行全面的描绘：手如柔荑（yi），肤如凝脂，领如蝤蛴（qiu qi），齿如瓠（hu）犀，螓（qin）首蛾眉，巧笑倩兮！美目盼兮！

宋玉《登徒子好色赋》为千古树立起一美女标准："增之一分则太长，减之一分则太短，着粉则太白，施朱则太赤。"

中国女性审美变迁：

史前社会——生殖美。

夏商周时代——健壮、自然为美。

春秋战国——朴素到修饰。

秦汉到唐朝——重修饰、才情、仪容。

宋明清——阴柔病态之美。

近现代——女性觉醒解放、形体趋于健康。

【动感小课堂】

小组讨论：千百年来美女如云，为何只有西施、貂蝉、杨贵妃、王昭君流传千古？中国曾出现武则天这么强势的女皇，为什么没能改写当时男尊女卑的历史？

（三）现代社会：女人

1. 世界女权主义运动

女性主义一词，最早出现在法国，意味着妇女解放，后传到英美，逐渐流行起来。五四时，传到中国，定为女权主义。男女平等是女权主义最基本的目标。

2. 西方女权主义分三个阶段

第一代女权主义为19世纪下半叶至20世纪初。1908年3月8日，1 500名妇女在纽约市游行，要求缩短工作时间，提高劳动报酬，享有选举权，禁止使用童工，她们提出的口号是"面包和玫瑰"。1910年，第二次国际社会主义者妇女代表大会在丹麦首都哥本哈根举行。大会规定每年的3月8日为国际妇女节。

第二代现代女权主义为20世纪初至20世纪60年代。现代女权主义流派分为社会主义女权主义和自由主义女权主义（激进女权主义），在"性"方面诉求女性的"解放"，从经济和阶级斗争方面要求妇女和男性的平等。她们挑战的是整个男性社会，挑战"性阶级"体制。

第三代后现代女权主义为20世纪60年代至今。这一阶段的女权主义更重视超出女性范围的哲学思考，社会主义和性自由的色彩更浓厚。这与两个因素有关，一是"性解放"带来了新的社会问题，人们反思：社会值不值得为性解放和女权主义付出那么大的代价？二是20世纪80年代以后，越来越多的女人占据了社会各界的领导地位。

【延伸阅读】

《时代》周刊上的中国工人代表

肖红霞、黄冬艳、彭春霞、邱小院"中国工人"的代表成为美国《时代》周刊2009年度人物。

《时代》刊载的"中国工人"影响和个人故事，全部来自深圳市宝安区石岩镇的一家LED企业。

这是4位普通的女工，初中毕业或者初中没毕业，热情淳朴，或开朗或腼腆。这一次的"出名"对她们来说是个意外，大多数都还没有来得及告诉家人。面对逐渐增加的媒体报道，她们的想法是"以后最好不要在上班时间来采访，周末怎么采访都行"，原因只有一个：担心影响工作。

在中国，有那么多聚集了外来务工人员的城市，为什么是深圳？为什么是她们代表"中国工人"？因为"普通"，但"普通"之中保存了很多闪光的特质。4位女工，踏实、勤劳，有遇到这样那样的困难，但尽管这样，她们还是充满希望。所有的愿望，她们都坚信努力就可以实现，哪怕要晚一点点。

现代社会在女性地位上倡导男女平等。女神的时代，已经一去不再复返；女奴的时代，正在一去不再复返；女人的时代，也已揭开历史帷幕。

二、现实思考

（一）横向思考——谁是女性的救世主

伊朗曾对一位搞婚外恋的女子实行石刑，引起国际社会的普遍抗议。

据英国《每日电讯报》2 月 27 日报道，印度国家犯罪统计局称，2010 年印度发生因嫁妆不足而烧死新娘的事件达 8 391 起，这意味着每 90 分钟就有一位新娘被杀。

1949 年 9 月颁布的《中国人民政治协商会议共同纲领》规定：中华人民共和国废除束缚妇女的封建制度。妇女在政治的、经济的、文化教育的各方面，均有与男子平等的权利。1953 年颁布的《中华人民共和国选举法》及 1954 年的《中华人民共和国宪法》中，均订明妇女有与男子同等的选举权和被选举权。

在一套测评妇女地位的指标中，我国在 100 多个国家中排在第 28 位。主要的度量指标有四个：第一，女性在议会席位中所占的比例；第二，女性在行政管理人员中所占的比例；第三，女性在职业技术人员中所占的比重；第四，女性收入在男女总收入中所占的比例。

中国女性的解放在世界上备受瞩目，原因在于我国曾经是一个最传统、最典型、发展时间最长、发展程度最高的男权制（父权制）国家。

中国共产党对妇女解放表现出最为自觉、最为全面、最为坚决的态度和决心。

（二）纵向思考：前世女性留下了什么

我国的妇女为祖国的进步、富强做出了杰出的贡献，也留下了弥足珍贵的精神财富。勤劳、贤惠、忠贞、坚韧，是中华民族妇女的传统美德，在新的历史时期，仍然光辉灿烂。

【延伸阅读】

贤惠的客家女人

广东省河源居住的大部分为客家人，客家妇女则以贤惠、勤俭著称于世。

头戴凉帽，身穿大襟衫，背着小孩，手扶犁耙，赤足行进在田野，是传统的客家妇女形象。客家妇女戴凉帽的习俗始于宋末，当时，客家先民从中原南迁，为了生存，妇女亦和男人一样耕作劳动。但妇女走出深闺，抛头露面有失体统，于是头戴竹笠，并罩上一块开有两个小孔的黑布遮面；后来，客家妇女在实际使用中感到这样不方便，便把布剪短，并缝在帽檐的四周，成为既实用又好看的凉帽；再后来，索性连布帘都除掉，只戴竹笠。也正因为是劳作的需要，客家妇女历来是不缠足的，她们的大襟衫也是将原来的长袍改短。

　　客家地区凡是上了年纪梳盘头髻的妇女，在脑后盘结的发髻上，至今仍然保留着插上一支银簪的习俗。银簪一般都是由白银制成，长约 10 厘米，中间较窄，两头较大，末端尖利，雕有花纹，精巧玲珑，其形状类似现在的"耳挖子"。以往，客家人尤其是客家妇女、经常遭受流寇、土匪或邪恶势力的欺凌，为了防身自卫，便开始随身携带一些短小锋利的铁器，过了很长一段时间，才开始演变成为客家妇女插在脑后盘头髻上的银簪。银簪还有其他作用：第一，凡遇头痛脑热等疾病，客家先辈会用熟鸡蛋白与银簪用布包在一起，趁热在患者身上来回擦拭，据说疗效甚佳。第二，客家姑娘要出嫁时，做娘的总要送一支银簪用布包在一起，并再三叮嘱女儿，在房事时如遇新郎出现"暴脱症"，可取银簪向男方尾椎骨处重刺一针，便可转危为安。第三，如被毒蛇咬伤，用银簪刺蛇伤处，撞出毒血，可防止蛇毒入心。

　　客家人在岭南立稳脚跟后因所处环境山多田少，男人不得不纷纷外出谋生或读书求仕，而家里从"家头教尾"（养儿育女）、"灶头锅尾"（操持家务）、到"针头线尾"（缝补衣服）、"田头地尾"（耕种土地），事无分大小、活无分轻重，都由妇女一肩挑。她们日未出而作，日入而未息，一生都在默默地无私奉献、甚至百年归寿后，墓碑上连个自己的名字都没有。

　　客家妇女能够独立生活，因而有一定的独立人格，但她们同客家男人一样，也难以摆脱时代的局限。这表现在她们的婚姻问题上，一方面她们的许多姐妹可以通过对唱山歌表达爱情，与自己中意的男子缔结良缘；另一方面许多地方残留着指腹为婚、童养媳、换婚及买卖婚姻的陋习，使客家妇女成为直接的受害者，因而，有"男怕入错行，女怕嫁错郎"一说。而"嫁鸡随鸡，嫁狗随狗，嫁给狐狸满山走"这一从一而终的清规，又使得她们对这种不幸婚姻产生抱怨，客家地区就有了"哭嫁"的习俗。出嫁那天，新娘在上轿前痛哭流涕，用哀怨凄婉的山歌，感激父母的养育之恩，惭愧自己无以为报，表白对新夫家的种种担忧，可怜自己不是男儿身。那带哭的歌声，几乎字字是血，石头听了都会流泪，要不是三姑六婆的劝导恐怕送嫁的队伍很难成行。而今，社会进步了，客家妇女的婚姻与命运，都有了时代的亮色。

　　对客家妇女的最高"奖赏"，恐怕莫过于她们生孩子"坐月子"时能喝上娘酒了。这种娘酒是用糯米酿造的，在产妇生下小孩的一个月内"坐月子"时，配以猪肉、鸡、蛋等煎煮，有美容、祛风、散淤、活血、强身、催乳之功效。同时，主家还要煮姜酒送给亲戚及邻居以示报喜。如果姜切成片的，表示生了女孩，如果姜切成丝的，则表示生了男孩。

　　美国传教士罗伯史密斯，曾在客家地区居住多年，他在《中国的客家》中认为："客家妇女，真是我们所见到的任何一族妇女中最值得赞叹的。"英国人爱德尔也在他的《客家人种志略》一书中评价："客家妇女，是中国最优美的劳动妇女的典型。"一部客家人的历史因客家妇女而添色增辉。

（三）点面思考：什么样的女性最幸福

1. 走出性别平等误区

所谓性别平等，就是在社会生活的各个方面，无论是在社会活动的公共领域，还是在家庭生活的私人领域，男性与女性都有平等的权利和义务。性别平等不是男女一样，性别平等不是两性对立，争取的不是和男人完全一样的权利，而是人的基本权利。实现男女平等，除了社会因素，女性自身的素质也至关重要。

2. 培养具有现代女性精神的新"三崇四德"

"三崇"：经世致用、经营家庭、善待自己。"四德"：自尊、自信、自强、自立。现代淑女的幸福愿望是能够出得厅堂，入得厨房，进得职场、追逐梦想。

【核心小结】

1. 历史回眸。

母系社会：女神（男从女主）。

父系社会：女奴（男尊女卑）。

现代社会：女人（男女平等）。

2. 现实思考。

横：解放（谁是女性的救世主）。

纵：解密（前世女性留下了什么）。

点：解惑（什么样的女性最幸福）。

才情女性·修炼

炼成淑女

【学习目标】

◎了解读书的意义，掌握读书的方法。

◎理解女人一生要经历的坎坷，吃苦是人生的必修课，学会阅人。

◎掌握炼成淑女的方向。

【课程导入】

茶亦醉人何必酒，书能香我无须花——清代醉月山人

腹有诗书气自华——苏轼

读书不仅给人力量，而且给人安全感和幸福感 ——温家宝

亲爱的淑女们，经过美丽女性、甜蜜女性、风采女性、才情女性的学习，本次课是我们最后一次课，淑女是怎样炼成的？告诉大家4个关键词：读点书、经点事、受点苦、阅点人。

一、读点书

（一）好读：读书的女生最美

作家林清玄在《生命的化妆》一书中说，女人化妆有三个层次，第一层的化妆是改变妆容，即一个人面部的化妆；第二层的化妆是改变体质，如通过运动强健身体；第三层的化妆是改变气质，就是通过多读书来实现。

女性往往因为多读书而有气质，不因长相而失色，看上去会更顺眼；女性往往因为多读书而有神韵，不因年龄而褪色，看上去会更养眼；女性往往因为多读书而有品位，不因性别而逊色，看上去会更显眼。

书是女孩气质的时装，是永不过时的生命保鲜剂。读书，是永葆青春的源泉。读书，会让一个女孩变得更聪慧、坚韧，变得更加稳重成熟。魅力女孩时刻不要忘了跟书约会。

世界有十分美丽，但如果没有女性，将失掉七分色彩；女孩有十分美丽，但如果远离书籍，将失掉七分内蕴。读书的女生是幸福的。你把知识写在脑中，把智慧刻在心扉，把温柔酿成美酒，把妩媚化作高贵，读书的女性将永远拥有一份不过时的美丽。

读书事关民族前途、读书事关个人素质读书。"事有所成，必是学有所成；学有所成，

必是读有所得。"温家宝说："书籍本身不可能改变世界，但是读书可以改变人生，人可以改变世界。一个不读书的人是没有前途的，一个不读书的民族也是没有前途的。"

（二）勤读：读书是为了做更好的自己

有理想就有勤读的动力。特莱艾·特伦恩特 1965 年生于津巴布韦，儿时在家门的石头旁埋下四个梦想：出国留学、读完学士、硕士和博士。她 11 岁被父亲嫁给了经常殴打她的丈夫，30 岁有 5 个孩子。2009 年 12 月，44 岁的特莱艾获得了哲学博士学位，并在国际援助组织中担当项目评估专家。在她小时候，一个国际援助组织的志愿者团队路过她居住的村庄，用工资帮助她读函授课程，从小学课程一直补到高中。后她被推荐上俄克拉荷马州立大学。她家里卖牛，邻居们卖羊，凑了 4 000 美元让她带上丈夫 一 行七人到美国留学。特莱艾从非洲小学文化水平到美国哲学博士，她给所有心怀学业目标的人树立了一个永恒的例证：只要你有梦想，有为实现梦想的内心动力，任何梦想都是可能实现的。

有追求就有勤读的毅力。邓亚萍是拥有 18 个世界冠军头衔的"乒乓女皇"，1997 年进入清华大学，2001 年拿下英语专业学士学位，2002 年获英国诺丁汉大学中国当代研究硕士学位，2008 年获英国剑桥大学经济学博士学位。

有担当就有勤读的压力。农耕时代，一个人读几年书，就可以用一辈子；工业经济时代，读十几年的书，才能够用一辈子；知识经济时代，需要一辈子学习，否则知识就会被淘汰，思想就会僵化，能力就会退化。联合国教科文组织埃德加·富尔先生预言："21 世纪的文盲不是没有文化的人，而是不会学习的人。"

毛泽东同志无论在戎马倥偬的战争年代，还是在日理万机的建设岁月，甚至在弥留之际，都手不释卷，让人敬佩万分。

（三）善读：读书是生命的光合作用

读书是生命的一种光合作用。诗人柯勒律治把读者分为四类：第一类是好比计时的沙漏，第二类好像海绵，第三类好像是滤豆浆的布袋，第四类好像是宝石矿床里的苦工。书籍如饮食，不同的饮食结构往往造成不同的营养结构，不同的书籍也会造成人不同的精神结构。读书是心灵的旅程，读书的意境有四种：翻、读、吃、品。纸书如白开水，翻页，得趣；好书如美味小吃，读句，得益；佳书如盛宴之佳肴，吃字，得味；奇书如仙宴之珍馐，心品，得神。

【动感小课堂】

请大家分享你们的读书体会。

二、经点事

古语说人教人，不如事教人。事非经过不知难，不明理，不惜情。

人生三件事等不得：孝敬父母，锻炼身体，教育子女。

让我们大彻大悟的事：悲欢离合，得失荣辱，甜酸苦辣，功过是非。

人生是一场没有返程的旅行，每一个女人都会像蝴蝶那样，要经历磨难才能破茧成蝶。人生就是这样，早有早的波折，晚有晚的风波，一生过得太平淡会缺少滋味，过得太坎坷就会难以坚持。每一个女人都会经历这些人生坎坷，大致分为七个。

第一个：十岁的时候学会努力。可能很多人都有过这种经历，小时候向父母提出自己的心愿，有时候只是一个现在看起来很小的要求，父母也不一定有能力满足，当时的我们是失望的。从我们失望的那一天开始，我们渐渐地明白了我们的父母不是万能的，在遇到很多事情的时候也会无可奈何，从这一刻开始你要明白学会自己努力。

第二个：18岁的时候要离开父母的身边。可能18岁的时候我们开始上大学了，又或者已经步入社会了，即使我们对父母依依不舍也要做好离开父母独自成长的准备，也是从那以后，我们要经历更多的分别。

第三个：初为母亲的时候。在经历过单身、热恋、结婚的你成了母亲，可能新生命的诞生让你们手忙脚乱，新生命的诞生也渐渐地磨灭了你的耐心和美丽，但是你也会说孩子健康就好。

第四个：36岁在职场感到困惑。可能那时候的你面临着职场困惑，升职空间越来越小，就业压力越来越大，越来越多的年轻人在和你们竞争，工作的事情和家庭的事情让你越来越困扰，可是你依然在困境中寻找解决的办法。

第五个：42岁面临婚姻问题。可能那时候你们渐渐地没有了以前的激情，剩下的只有柴米油盐，婚姻越来越没有爱情的味道，即使你们面对面也无话可说，就连吵架都懒得吵，你们之间就剩下了沉默，然而在沉默中的你依然在坚守着这个家。

第六个：50岁的时候和父母离别。可能50岁的时候就要和父母永远分别，这时候的你已经看淡了生死，对生活越来越执着。那时候的你会越来越注重身体健康，你会坚持身体锻炼，也注意养生。你对父母的思恋化作你对生活的渴望。

第七个：在你70岁的时候已经望穿一起，你不再患得患失，也不计较名利，一生中经历过的事情成为你的笑谈。

我们也希望从一开始就变得更加坚强，变得更懂事，到后来我会变得更独立，敢于去打拼。可是生活从来就没有一帆风顺过，有很多事情在分散着我们的注意力，可能也因为这样，我们的人生才过得精彩。

三、受点苦

故天将降大任于斯人也，必先苦其心志，劳其筋骨，饿其体肤，空乏其身，行拂乱其所为……

一个女人真正的气质是就算自己跌入谷底，也依旧可以云淡风轻。

张海迪被称为中国保尔，5岁因患脊髓血管瘤导致高位截瘫。她用镜子反射来看书，自学小学到大学课程并攻读了硕士研究生，创作和翻译的作品超过 100 万字。她学会了针灸等，为群众无偿治疗达 1 万多人次，2008 年当选中国残联主席。

张海迪的事迹告诉我们：毅力与意志是成就优秀人生的关键素质。吃得苦中苦，方为人上人。

世界上没有一样东西可取代毅力。才干也不可以，怀才不遇者比比皆是，一事无成的天才很普遍；教育也不可以，世界上充满了学而无用的人。只有毅力和决心无往不利。

四、阅点人

有没有永久的朋友，有没有永久的敌人？

如果他人即陷阱，我们还该不该相信别人？

为什么我对 TA 那么好，而 TA 却恩将仇报？

为什么平时一个很老实本分的人，会蜕化变质？

人是社会关系的总和，人总是趋利避害的。人有形形色色，忠奸善恶，智愚清浊，刚烈柔和，外向内敛，看人有尺度，辩人在比较，考人用细节，时间证明人，时势造就人。

【动感小课堂】

1. 游戏接龙——请根据老师的题目，每位同学按顺序接龙。

（1）说出世界上最富有的 5 个人。

（2）说出最近 5 名诺贝尔奖的获得者。

（3）说出 5 位世界小姐冠军的得主。

（4）说出 10 位普利策新闻奖的获得者。

（5）说出影视界最近 5 位最佳男演员和最佳女演员金像奖的获得者。

（6）说出在你的学习生涯中帮助过你的 3 位老师。

（7）说出在你困难时帮助过你的 3 位朋友。

（8）说出教你学会做有价值的事情的 5 个人。

（9）想一想让你感激并让你觉得特别的几个人。

（10）想一想你愿意与之共度快乐时光的 5 个人。

2. 寻找幸福人生的标杆。

哪些女性是您认为最优秀的？

【动感小课堂】

小组讨论——希望自己成为什么样的女性？

【案例分享】

德兰修女，爱直至成伤

德兰修女是诺贝尔奖百余年历史上最受尊崇的 3 位获奖者之一。从 12 岁起，直到 87 岁去世，她从来不为自己，而只为受苦受难的人活着……她留下了 4 000 个修会的修女，超过 10 万以上的义工，还有在 123 个国家中的 610 个慈善工作者

假如你爱直至成伤，你会发现，伤没有了，却有更多的爱。人们经常是不讲道理的、没有逻辑的和以自我为中心的，不管怎样，你要原谅他们。即使你是友善的，人们可能还是会说你自私和动机不良，不管怎样，你还是要友善。即使你是诚实的和率直的，人们可能还是会欺骗你，不管怎样，你还是要诚实和率直。你多年来营造的东西，有人在一夜之间把它摧毁，不管怎样，你还是要去营造。你今天做的善事，人们往往明天就会忘记，不管怎样，你还是要做善事。

四、炼成淑女

我们无法选择性别，但可以选择幸福的人生目标。冰心说如果这个世界上少了女人，就少了 50% 的真，60% 的善和 70% 的美，世界不能没有我们，没有我们就没有世界！我们会有很多角色，在家庭中我们是女儿、母亲、奶奶；在职场我们可以是灰领、银领、白领；在社会上我们可以是平民或精英。我们有再多不同活法不同角色，人生目标都一样——追求幸福。

那什么才是幸福呢？

文凭不等于幸福，其实文凭不过是一张火车票，火车到站，都下车找工作，才发现老板并不太关心你是怎么来的，只关心你会干什么。

金钱不等于幸福。郎咸平曾说对于人来说，金钱永远不是第一重要的东西，但永远是第二重要的东西，所以拜金无罪。但是拜金有一个前提，你得找一个第一重要的东西，那就是你的"灵魂"，这个灵魂也许是真爱，也许是正义，也许是良心，也许是其他的品德。每个人都必须追求灵魂，不然的话，拜金就会变成一个怪兽。

美貌不等于幸福，我们来看看这一数据。在对我们学校女生的问卷中，您认为影响女人的幸福的主要因素有哪些？（可多选）。结果如下：

A. 美貌　26%

B. 能力　62%

C. 婚姻家庭　75%

D. 性格、心态　90%

E. 身体健康　75%

F. 其他　7%

可见美貌或许其优势，但不意味着它是获得幸福的主要因素。

天底下没有免费的午餐，也没有白送的幸福！追求幸福的过程，也是我们成长的过程。

【核心小结】

1. 读点书、经点事、受点苦、阅点人。

2. 幸福殿堂的路上需要修炼，成为现代淑女可能是我们追求幸福最好的方向。

参考文献

李可，2008. 杜拉拉升职记 [M]. 西安：陕西师范大学出版社.

华昊，2014. 社会转型时期电视剧中的女性意识嬗变 [M]. 北京：中国书籍出版社.

杨红霞，2015. 旅游服务礼仪 [M]. 北京：清华大学出版社.

方志宏，2014. 礼仪文化概述 [M]. 南京：东南大学出版社.

向阳，2016. 秘书技能情景化训练 [M]. 北京：北京大学出版社.

张永红，王茜，2017. 商务礼仪实战 [M]. 北京：北京理工大学出版社.

刘克芹，2018. 现代社交礼仪 [M]. 北京：经济科学出版社.

修铁，2009. 20 岁左右决定女人的一生 [M]. 北京：中国致公出版社.

罗西，2005. 女人美在气质 [M]. 北京：中国国际广播出版社.

乔磊，蔡颖君，2012. 设计色彩 [M]. 北京：中国轻工业出版社.

刘源，2018. 从设计的角度学习色彩 [M]. 北京：中国农业出版社.

张玉斌，2003. 女人应读的 30 本书 [M]. 北京：北京工业大学出版社.

苏文，2005. 涉外礼仪 ABC [M]. 南宁：广西科学技术出版社.

董明，2004. 公共关系实务实践教程 [M]. 北京：中国商业出版社.

朱磊，孙薇，2016. 设计色彩 [M]. 北京：清华大学出版社.

刘源，2010. 从设计的角度学习色彩 [M]. 北京：中国农业出版社.

马银春，2011. 我最想要的礼仪书 [M]. 北京：中国物资出版社.

罗春娜，2009. 秘书礼仪 [M]. 北京：中国劳动社会保障出版社.

多丽丝·普瑟，张玲，2010. 穿出影响力 女性职场形象书 [M]. 北京：中国纺织出版社.

李振杰，陈彦宏，2014. 我的未来我做主 大学生就业与创业指导 [M]. 厦门：厦门大学
    出版社.

何鑫，2010. 如何与陌生人打交道 与陌生人交往的 42 条心理学原理 [M]. 北京：企业管
    理出版社.

王春林，2010. 旅游职业礼仪规范与训练 [M]. 上海：华东理工大学出版社.

中共山东省委对外宣传办公室，2007. 涉外文明礼仪简明读本 [M]. 济南：山东人民出版
    社.

丛书编委，2012 会. 魅力女人大全集 超值典藏版大全集［M］. 长春：吉林出版集团有限责任公司.

杜海忆，鄢向荣，2011. 人际关系与通用礼仪［M］. 天津：天津大学出版社.

丁栋轩，2009. 大学生礼仪规范教程［M］. 北京：首都经济贸易大学出版社.

冉军，2012. 高等院校人力资源管理专业教材系列：职业生涯管理［M］. 北京：科学出版社.

孙少威，2014. 三分做事 七分沟通［M］. 北京：海潮出版社.

郭翰轩，2010. 20~30岁，你拿这十年做什么［M］. 北京：企业管理出版社.

孙向杰，2016. 聪明人有智商看得懂 做一个做人做事有把握能力的人［M］. 长春：吉林出版集团股份有限公司.

孙郡锴，2013. 想法决定活法［M］. 北京：中国华侨出版社.

张晓梅，2016. 职场形象设计手册 从面试到入职［M］. 北京：化学工业出版社.

中国计划生育协会，2012. 成长之道 青春健康生活技能培训指南［M］. 北京：中国人口出版社.

杨贵英，张涛，2007. 医学生心理健康［M］. 成都：四川科学技术出版社.

黄维仁，2009. 亲密之旅［M］. 北京：中国轻工业出版社.

戚斯金，2018. 从零开始读懂投资理财学［M］. 北京：北京台海出版社.

孙启泉，张雅维，2010. 妇女法教程［M］. 北京：北京大学出版社.

吴盈，2009. 女人这样吃最健康［M］. 北京：中国纺织出版社.

王国安，要英，2000. 茶与中国文化［M］. 北京：汉语大词典出版社.

张觅，2014. 一片冷香惟有梦 品读纳兰词［M］. 北京：北京工业大学出版社.

陈苗，2013. 1+X职业技术职业资格培训教材 调酒师5级［M］. 2版. 北京：中国劳动社会保障出版社.

谷冰，宋春婷，2014. 影视鉴赏［M］. 北京：航空工业出版社.

林飞，2003. 中国艺术经典全书 电影［M］. 长春：吉林摄影出版社.

邓岳，2009. 女性古典诗词作品中的柔和刚［J］. 青年文学家（3）：107，109.